泣く子もほめる！「ほめ達」の魔法

西村貴好

経済界新書 036

はじめに

「泣く子」は素晴らしいと思います。

泣く子は、自分を素直に表現するコミュニケーションの達人です。

泣くのには、必ず理由があります。「お腹がすいています」「おむつが気持ち悪いです」「私にもっとかまってください」「この状況、うるさすぎます」……泣かれて理由に気づき、解決してあげると、惹《ひ》き込まれるような笑顔を見せてくれます。

それを見ると、ふと、こんなことを考えさせられるのです。

「私たちおとなは、こんなふうに素直に泣けない。泣くという表現ができないぶんだけ、感情や主張をため込んでいないだろうか。コミュニケーションがうまくできず、無意識に問題行動をしていないだろうか」

「泣く子」は、そんな問いを、私たちに投げかけてくれます。

泣かないおとなの感情や主張を読み取ってコミュニケーションしていく、そんな能力がなによりも重要な転換期に、私たちは生きているのではないでしょうか。

現代は、スマートフォンやソーシャルネットワーキングなどの普及で、頭の中に入ってくる情報量が恐ろしい勢いで増え続けています。

ところが、情報量の増大に反比例するように、感情の取り扱い能力が、どんどん低くなっているのです。

私は、さまざまな企業や組織で、「ほめ達」（ほめる達人）の研修を行ったり、学校などで講演をしたりしています。そこで強く感じることは、人と人とのリアルのコミュニケーション能力の低下です。

周囲を見回しても、それはすぐにわかります。

電車の中では、多くの人がずっとスマートフォンをいじっています。家族や友人同士で食事をしていても、いや恋人同士でデートをしていても、会話をせずにスマートフォンに夢中というシーンも当たり前になりました。大学の授業中にツイッターやブログのチェックに熱中する学生の割合も驚くほど高いと、教職にある友人に聞きました。

一緒にいるのに、お互いにコミュニケーションすることなく、別々の液晶画面で別々の世界に入っている人たちの横顔を見て、「この人たちはいつ、感情や主張を共有したり、ぶつけ合ったりして、泣いたり、笑ったりするのだろう」と心配になるのは、私だけでしょうか。

◇

先日、スマートフォンを落としてしまいました。きれいだった液晶が、一瞬にして無惨にひび割れ、ピカピカだったアルミ磨き出しの側面フレームも傷だらけになりました。費用をかけてなんとか修理できたのですが、情報機器は、高性能であるがゆえに、落とすとすぐに壊れるもろいモノなのだと改めて感じました。

タブレット端末や、デジタル音楽プレーヤーなども同様です。しかも、そういう高性能のもろいモノを持ち歩かないことには不便だったり、退屈したりするのです。

私たちも、心にそんなもろさを抱えながら生きているのかもしれません。

ちょうど今は、携帯端末の通信規格の橋渡し期間だそうです。

これまでの主流だった3G（3rd Generation）から次世代への橋渡しの役目を担うのが、LTE（Long Term Evolution）です。

私は、コミュニケーションにも同様の革命が起こっていると思います。

これまでの日本では、3G（義務・我慢・犠牲）が主流でした。

これからは、LTE（Love, Thanks! Enjoy!）です。

愛情を伝え合い、感謝を伝え合い、人生を楽しむのです。

これらの3つすべてを含むのが、「ほめる」ということです。

そのことに気づき、「ほめ達」となり、ほめることを実践した方々から、素敵な報告がどんどん集まってきています。そのほんの一部をご紹介しているのが本書です。

「ほめ達」の魔法に、ほんの少しだけおつき合いください。思いがけない素敵な宝物が見つかるかもしれません。

「ほめ達」の扉を開いてみると、そこには、まだ見ぬ自分が待ってくれています。

「ほめ達」への素敵な冒険をぜひお楽しみください。

西村貴好《にしむらたかよし》

目次◎泣く子もほめる！「ほめ達」の魔法

2章 日常が感動の舞台になる
――「こんなこと?」という微差の積み重ねが感動を生む

3章 ヒーローをつくる人が真のヒーロー
――人の経済価値を存在価値に高める

4章 感謝の力で現実を動かす

——この世に「当たり前」のことなんてない

5章 「笑顔にする」魔法が身につく

――無意識を意識化する

6章 成長のビッグバンに立ち会おう

――ほめるとほめていないところまで伸びる

7章 「聴く」という表現で魅力を伝える

――人の気持ちにLED電球をともす

8章 「思いがけない涙」をともに味わう

――けなされていることに価値を見つけよう

プロデュース、執筆協力／桑原晃弥
編集協力／アールズ 吉田 宏
本文イラスト・文字／日野さおり

1章

「ほめる」という選択が人生の扉を開く

——大きな変化は小さな意志の力から

短所を聞くと話し出し、
長所を問うと黙り込む。
そんな自分を
変えていく。
あんな人などほめられない。
ほめるとしても照れくさい。
そんな思いも
見直そう。
驚きと笑顔がやってくる。

1 最初の1歩はいつも小さい

人生においてほめられた経験のない人にとって、周囲からほめられる、認められるという経験は、その後の生き方を大きく左右する出来事になります。

私が理事長をつとめる「一般社団法人日本ほめる達人協会」の名古屋支部長、鈴木裕之さんが開くセミナーに参加したA君がそうでした。彼は形だけの「高校2年生」でした。実際には小学校2年生からほとんど学校へ行っていません。勉強らしい勉強もしておらず、いわゆる学生生活も送っていませんでした。

学校に行きたくなかったわけではありません。行きたくても行けなかったのです。A君の思いは、セミナー後、参加者全員が感想を発表した時の彼の言葉がよく表しています。

「本当は学校に行きたかった。友達といろいろしたかった。将来、学校の思い出を話せるようになりたかった」

A君はセミナーの感想文も書いていますが、ひらがなばかりで、漢字はほとんど使われていませんでした。他の参加者たちと話す中で、A君はこうも言っています。「感想文を、ひらがなばかりではなく、高校レベルの漢字を入れて書けるようになりたい」と。

途中からは涙声でした。

聞いていた参加者たちから、自然に拍手が湧《わ》き上がりました。そして「A君、すごい」「よく言った」「今日までよくがんばった」という声がかかりました。講師も続けました。「よく発表してくれた。もう大丈夫。今からやればいい。A君なら絶対できる。初めて会ったおとなたちの前で、自分の言葉でしっかりと話してくれて、ありがとう。すごいぞ」

A君は涙をぬぐい、照れくさそうに頭を下げました。

後日、鈴木さんは再びセミナーでA君と出会いました。A君は笑顔で走り寄り、こう報告してくれたのです。

「俺《おれ》、あの日から学校へ行くようになった。今日まで1日も休んでないよ。漢字で感想文を書けるように、漢検（日本漢字能力検定）も受けるよ」

2 ちょっとしたきっかけで人生が「リスタート」

自分が変わったのは、すべて前回のセミナーの拍手がきっかけだったと、A君は続けました。

「みんなが俺のことをほめてくれた。あんなにほめられたのは人生で初めてだった。すごいうれしかった。思い切りほめてくれたみんなに、自分が少しでも変わったところを見てもらいたいんだ」

「すごいよ。本当にすごい」

鈴木さんは胸がいっぱいになり、それ以上言葉にならず、A君をしっかりと抱きしめることで思いを伝えたのでした。

過去の出来事を変えることはできません。しかし、出来事の意味を変えることはできます。それも自分の意思ひとつで変えられるのです。

A君にとって、学校へ行けなかった年月は長く、つらいものだったはずです。なんとか脱却したかったはずです。ご両親や先生たちから、何度も「しっかりしろ」と叱《しか》られたり、「学校へ行こうよ」と励まされたりしたに違いありません。

それでも、行けなかったのです。きっかけがつかめないままに年月がたってしまったのです。そして不登校のまま高校2年生を迎えたのです。

そんなA君が変わるきっかけになったのは、みんなからほめられる、認められるという経験でした。長い間、叱られたり、励まされたりしてもつかめなかったきっかけが、たった一度ほめられただけで、つかめたのです。

学生生活というものさしで計れば、10年近く不登校だったのは、あまりに長く感じられます。しかし、人生全体というものさしで計れば、10年などいくらでも取り戻すことができます。A君は、これからの長い時間を悔いなく生き抜くに違いありません。

ほめることや認めることは人に1歩を踏み出す勇気を与える力を持っていると、A君の話を聞きながら、鈴木さんは改めて深く感じたのでした。

3 ほめたくない時こそ「ほめる効果」実感のチャンス

泣く子もほめるのが「ほめ達」です。一見ほめるところがなさそうでも、普通ならほめる気になれない時でも、ほめることが大切なのです。

松本秀男さんは、「ほめ達」3級検定を受けた翌日に同僚と一緒に昼食に出かけた店で、それを実感しました。文句のひとつも言いたくなる場面でぐっと我慢し、逆にほめたことで、最高の笑顔に出会うことができたのです。

そこはきれいな新規店でした。センスよくつくられた広いフロアで、接客の店員さんたちは、まだ不慣れながらも、柿渋色《かきしぶいろ》（こげ茶色）の作務衣《さむえ》姿できびきびと動いていました。「いらっしゃいませ」「ありがとうございました」という声も、よく出ていました。

ところが、よく見ると、気になるところがいくつもあるのです。注文の取り忘れや配膳《はいぜん》の間違いが目立ち、お客さまに謝っている光景や、店員同士がぶつかりそうになるといった失敗も目につきました。

なにより、客である自分がリラックスできないのです。

「何かがおかしい」と観察すると、店員さんたちに笑顔がないことに気づきました。習った通り、教えられた通りにお客さまに接することに一生懸命で、声は出るけれど顔はこわばっていました。そこに小さな失敗が重なるので、よけいにぴりぴりして笑顔が出にくくなり、緊張した表情になっていたのです。

確かに人間は、忙しいと余裕がなくなり、笑顔が消えてしまいます。しかし、お店では笑顔での接客は最も大切です。それが失われ、せっかくの努力が水の泡になっていました。

これまでなら、せいぜい「大変そうだなあ」と思って終わったはずですが、「ほめ達」検定を受けたばかりの松本さんは、「こんな時は、ほめ達として、どうほめたらいいのだろうか」と考えました。

「新しくてきれいなお店ですね」と声をかけても、店をほめたことになるだけで、肝心の店員さんをほめたことになりません。

そこで松本さんは、レジで支払いをすませ、「ありがとうございました」の声を受けて、こう言いました。

「みなさん元気でがんばってますね。こちらも元気になります。ごちそうさま」

このひと言が、声は出ても笑顔のなかった店員さんたちの表情をがらりと変えました。「本当ですか！」という言葉とともに、最高の笑顔を返してくれたのです。お釣りを渡す指先さえほころんでいるように松本さんは感じたと言います。

たいていの人は、けなすことは得意で、ほめることが苦手です。

この店でも、「愛想のない店員ばかりだ」「もうちょっと店員教育をすればいいのに」で終わるお客がほとんどでしょう。

でも、松本さんは「ほめ達」です。落ち着かない店というマイナス面より、不慣れなりに声を出し、懸命に働いているというプラスの部分を見たのです。そして、そこに向けて、「ほめる」を贈りました。だから、最高の笑顔が返ってきたのです。

この小さな経験から、松本さんはほめる素晴らしさを再確認しました。もちろん、お店の店員さんにとっては、松本さんのひと言は、大きな経験になったに違いありません。

人の価値をもっと
見つけよう。
モノの価値をもっと
見つけよう。
出来事の価値をもっと
見つけよう。
見つけた価値を伝えよう。
相手も自分もうれしくなって、
それが「ほめる」こと。

4 「がんばれ」の功罪

厳しい状況に追い込まれている人から相談を受ければ、私たちは反射的に「がんばれ」と励ますものです。

しかし、時には励ましの言葉が相手を追い込むことがあります。

宮本正和さんは、そんなつらい経験をへて、「ほめ達」という生き方を選んだ人です。

宮本さんには、幼い頃《ころ》からの同学年の親友B君がいました。小学校時代は勉強も遊びもいつも一緒の兄弟のような間柄でした。中学校は別々の学校になりましたが、それでも正月の初詣《はつもうで》などの節目には会い、大好きな野球のこと、学校、好きな子、将来のことなどを語り合っていました。

ところが、中学2年生の時の初詣でいろんな話をした帰り際、B君が「実は、いじめにあっていてつらい」と小声で言ったのです。そう言えば、確かに元気がありませんでした。気になった宮本さんは、B君と同じ学校へ通う友人に話を聞きました。そして、実際にいじめにあっていること、にもかかわらずに彼を助けようとする教師や周囲の仲間がいないことを知りました。

無性に腹が立った宮本さんはB君の家を訪ね、いつものようにたわいのない話で気をまぎらわせようとしました。そして、話をしながら、B君をどう励まそうか、どんな言葉が力になるか必死で考えました。しかし、これだという言葉は浮かんできません。出てきたのが「戦え、負けるな、がんばれ」という言葉でした。

精一杯の気持ちをこめてそう言うと、B君は「ありがとう」と笑ってくれました。

しかし、それから数日後、宮本さんはB君が自宅の風呂場《ふろば》で自殺したことを知りました。宮本さんあてに残された手紙に、こんなことが書いてありました。

「親友のみや(宮本)、ありがと。お前と出会えてよかったわ。お前の素直で熱いところにどれだけ助けてもろたか。でも『がんばれ』は、どれだけがんばったらいいのわからなかったけどな」

5 「がんばってるね」と相手をまず認めよう

親友B君の死は、あまりに悲しく、つらい出来事でした。

でも、なぜか宮本さんは1滴の涙も出なかったと言います。

その日を境に、宮本さんは「悪い子」になりました。学校で弱い者をいじめました。親が何度も呼び出されましたが、「申しわけない」とは感じませんでした。

やがてB君の一周忌が来ました。

その席に、宮本さんは短ラン（丈《たけ》の短い学生服）にボンタン（幅広の学生ズボン）という場違いな格好で出席しました。帰り際、B君のお母さんが、そんな宮本さんにこう声をかけました。

「大好きな野球を、あの子の分までやり続けなければダメだよ。それから、『がんばれ』

という言葉は、間違いじゃないんだよ。おばちゃんは、これからも『がんばれ』って君に言ってあげるからね」

その日まで、宮本さんは自分が言った「がんばれ」がB君を追い詰めたのではないかと、ずっと悩んできました。でも、お母さんは「がんばれ」は間違いではないと言ってくれたのです。

突然、宮本さんの目から熱い涙があふれました。ずっとこらえていた感情が、もうこらえきれませんでした。

宮本さんは「ありがとうございました」と頭を下げ、その日を境に再び変わりました。父親に頭を丸坊主にしてもらい、「悪い子」とはきっぱり縁を切り、再び野球に打ち込むようになったのです。

そのまま中学、高校と野球を続けた宮本さんは、やがてこう考えるようになりました。

「『がんばれ』を言うためには、『この人から言われたら本気でがんばろう』と感じられる人にならなければならない」

宮本さんは、B君になんと言えばよかったのでしょうか。

「がんばってるね」と言ってあげることが大切だったのだと思います。

私たちは、逆境にある相手に対して、「がんばれ」「負けるな」と言いがちです。それしか言葉がないと思いこんでしまうのです。

しかし、実は、その前に言うべきことがあります。厳しい現実の中で、相手がくじけることなくがんばって生きていることを認める言葉です。相手の思いにじっくり耳を傾けたら、まず「がんばっているね」と認め、愛情を伝えることが必要なのです。

そのステップなくして「がんばれ」と言ってしまうと、どんな思いをこめて言ったとしても、相手は、「これ以上、どうがんばったらいいんだ」となってしまいます。

「がんばってるね」こそ、相手の気持ちを少しだけ楽にし、「がんばってきてよかった」というささやかな満足感を与える言葉なのです。そして、その「がんばってるね」を言えるようになることが、「ほめ達」になることでもあります。

宮本さんは今、「ほめ達」の認定講師になるための勉強を続けています。やがて宮本さんは、「この人に言われたら、がんばらなければ」と思える「がんばってるね」「がんばれ」を言える人になるに違いありません。

6 ほめ達は「照り返し」で輝く

「見た目はさえないハゲの中年男性。でも実は、やり手の営業マン」という前評判で入社してきたCさんに、森藤良夫さんの職場は興味津々《しんしん》でした。評判通りならかなり格好いいと、森藤さんも思いました。

ところが、入社すると前評判はあっけなく崩壊してしまいました。たいしたやり手ではなかったのです。それどころか、「見た目通りのダメ男だ」「あの人にできる仕事なんかない」「辞めてもらったほうがいい」とレッテルを貼《は》られてしまい、崖《がけ》っぷちに立つことになりました。

普通なら、ここで終わりになるところでしょう。しかし、森藤さんは「ほめ達」でした。Cさんに、「ほめるとは、目の前の人やモノや出来事の価値を発見して伝えることです」

と伝え、「ほめも」（ほめるメモ）を使ってほめる行動をうながしたのです。

当初、Cさんの「ほめも」は「つつじがきれいに咲いている」「応援している野球チームが勝った。うれしい」といったレベルのものでしたが、ほどなく、人の長所に目が行くようになりました。

「○○さんのあのひと言が心地よかった」「○○さんからの前情報が役に立った」などと、周囲の誰《だれ》も気づかなかったスタッフの意外な長所が「ほめも」に書かれるようになったのです。その中には、スタッフとのつき合いが長い森藤さんすら見落としていた指摘も多く含まれていました。

Cさんは、周囲が気づかなかったり、当たり前だと思いこんでいたスタッフの長所に気づき、それを、みんなに伝えていく天才だったのです。

人をほめ続けていると、やがてその人も周囲から感謝され、輝くようになるものです。これまで「ダメ」というラベルを貼られていたCさんが、気がつくと他のスタッフからほめられることが増えたのです。仕事も活き活きとこなすようになりました。

なぜCさんは、「つつじがきれい」のレベルから、天才ぶりを発揮するまでに変われたのでしょうか。Cさんはこう言います。

「以前は、人の長所に目が行かず、自分の価値にも気づきにくいタイプでした。でも、人の長所を見つけ、伝えてほめるようになってから、ほめることは相手が心底から喜ぶことなんだと気づいたのです」

長所を見つけ、ほめることで、相手の感謝や笑顔に出会うことが多くなり、そこから自分の心模様も変わってきたのでしょう。「今日もつらいなあ」と感じる自分が、「今日も1日、がんばろう」と思える自分に変わり、それがいい循環につながったのです。

Cさんの外見は、今も相変わらず髪の毛の不自由な中年男です。しかし、ほめることを覚えてからは、話し方も態度もはつらつとしたものに変わり、仕事も積極的に取り組むようになりました。崖っぷちに立っていたCさんは、今や森藤さんや他のスタッフにとって、なくてはならない仲間となったのです。

見るなら人のよいところに目を向ける、口にするならグチや不満ではなくほめ言葉を心がける、たったこれだけのことで会社はストレスの多いしんどい場所ではなく、みんなが力を合わせてがんばれるやりがいのある場所に変わるのです。

7「教えるつもりが教わった」のが最善の教え方

「人は教えることでたくさんのことを学ぶ」と言います。

教えるためには自分の知識や経験を、伝えられるように整理することが必要です。それだけでも十分な学びになります。加えて、教えることで知識を確認し、知らなかったことに気づきます。さらに、教えることで相手が成長するという喜びを知ることで、人間的にも成長できるのです。

東日本大震災直後の4月、小野浩之さんの会社にDさんという女性新入社員が入りました。実家は福島県です。地震によって大きな被害を受け、大学卒業を控えていた彼女は、余震が続く中、夜行バスで東京へ出ては就職活動を続けていたと言います。

しかし、面接をしてすぐに小野さんは、Dさんが甘やかされて育ったことがわかりました。しかし、懸命に就職活動を続けるDさんと、震災で大きな被害を受けたDさんの家族のことを考えると、不合格と伝えることはできず、入社してもらうことにしました。

Dさんは仕事の覚えも遅く、何かあるとすぐに泣いてしまう女性でした。半年もたつと、同期入社の人たちと大きな差がついてしまいます。

そのことに気づいたDさんは、自分を変えたいと本気で考えるようになり、小野さんも特別な研修プログラムを用意しました。内容は、毎日欠かさず会社のトイレを掃除して、百マス計算を会社で行うことでした。

最初は百マス計算に9分もかかりましたし、すぐ泣く癖も直りませんでした。

ところが、毎日続けているうちに、Dさんが変わり始めたのです。小野さんが注意して見ていると、Dさんへの周囲からの感謝の言葉が増えていたのです。毎日、欠かさず掃除を続けたために会社のトイレがとても清潔になり、社員が「Dさん、ありがとう」「お陰で気持ちいいよ」と伝えるようになったのです。

自分がやっていることが役に立ち、感謝されていると知って、Dさんは、少しずつ自信を持ち、社会人としての責任感にも目ざめていったのです。研修でいくら教えてもダメでしたが、周囲の「ありがとう」「お陰だよ」といった感謝の言葉で、Dさんは大きく育ったのです。やがて百マス計算も上達し、仕事の能率も上がっていきました。

小野さんは、周囲からの感謝の声を糧《かて》に成長していくDさんを見て、人はまわりから認めてもらえる喜びによって成長していくことを再確認しました。

「教えるつもりが、逆に僕が教わりました」というのが小野さんの感想です。

後日、社内のパーティーで、Dさんがみんなの前でこんな挨拶《あいさつ》をしました。

「私には母が2人、父も2人います。片方は私を育ててくれた父と母で、もう一方は私を社会人として育ててくれた社長と常務です。だから、私には福島の父と母のほかに、東京にも父と母がいるのです」

これを聞いた小野さんは照れながらも、成長したDさんが自分たちに見せた気づかいに心から感動したと言います。

人は単にヨイショされたいのではありません。自分がやっていることを誰かに認めてもらい、そして心からの「ありがとう」が欲しいのです。感謝の言葉は深く心に響き、人を成長させる力になっていくのです。

2章

日常が感動の舞台になる

——「こんなこと？」という微差の積み重ねが感動を生む

1秒先の
自分を変える。
その微差の
積み重ねが
大きな差になっていく。
1秒先の
自分の選択が
意志ある未来を
つくっていく。

1 アイデアが湧き出す価値の伝え方

仕事への取り組み方は、仕事にどんな意義や価値を見出すかで大きく変わってきます。

例として、私はよく3人の石工《いしく》の話をします。同じ場所で石を積み上げている3人に、何をしているか尋ねると、三者三様の答えが返ってきたという話です。

「腰が痛くなるつらい作業をしている。生活のために仕方なくやってるんだ」

「建物をつくってる。ここが終われば次は北陸。給料はまあまあだ」

「教会をつくってる。人生を輝かせるお祈りや結婚式の場所をつくれて幸せだ」

同じ働くなら、3人目の石工のように、仕事の意義をはっきりつかみ、高い価値を見出して働きたいものです。

ある大手自動車販売会社の営業マン研修をさせていただいた時も、そう提案しました。

自動車産業は、日本の基幹産業として、世界を相手に堂々たるビジネスを展開しています。販売会社も、さぞ誇り高く仕事をしているのだろうと思っていました。

しかし、実情は違いました。価格競争で疲弊《ひへい》していたのです。

日本の車の品質は折り紙つきです。どの販売会社の、どの担当者から買っても、品質では差がつきません。となると、あとは、いくらで下取りしてくれるか、いくら値引きしてくれるか、どんなオプションをつけてくれるかという価格勝負になります。

営業マンは、誇りを持つどころか価格競争に追われ、現状を変える糸口もつかめずにいたのです。

そこで私は研修で、「感動と信頼と絆《きずな》で車を販売していこうというテーマで、自分たちに何ができるのかを考えてみてください」と提案しました。

仕事は同じ「車を売る」ことでも、3人の石工のように、「生活のために仕方なく」か、「まあまあ満足する」か、「人生を輝かせるため」かで取り組み方が大きく変わります。まず、1人1人に仕事の意義や価値を見出してもらえば、アイデアは自然に出てくると考えたのです。

2

商品を「思い出をつむぐ器《うつわ》」として提案する

自動車販売会社の営業マン研修を進めるうちに、かつて車は家族の思い出をつむぐ大切なものだったということが思い出されてきました。父親が休みの日には一家でドライブに出かけ、レストランや遊園地に行ったりして記念写真を撮ったりしていたのです。

私は「車は大切な思い出の1ページをともに飾る素晴らしい存在だということをお客さまにも伝えたらどうですか」と話しました。

受講者の意識改革が進む中で、最も印象に残った1人がFさんでした。

研修中はゆるいスタッフ役を演じ、明るいふるまいでまわりを元気にしていましたが、研修の最後に、こんなことを言いました。

「僕はまわりを笑わせたりしていますが、実は研修が始まる前はとても心が苦しくて、軽いうつみたいになっていて、それを隠すために無理をしてふざけていました。でも、今回の研修を受けているうちに、今はまだ仕事がめちゃめちゃ楽しいとは言えないけれども、会社に来ることが苦ではなくなりました」

仕事に対する考え方が少し変わったようです。

その後、Fさんは契約や納車の際に車とお客さまのツーショット写真を撮り始めました。それをアルバムに貼り、1か月点検の時にお客さまに渡すようにしたのです。

アルバムには、Fさんが撮った写真が何枚か貼られているだけで、白紙のページもたくさんあります。白紙のページにFさんは、「この車で楽しい思い出をいっぱいつくってください」という思いをこめたのです。

そのような半完成品のアルバムを手渡されると、お客さまも、車で家族旅行などに出かけると写真を撮りたくなりますし、アルバムに貼って家族の思い出を残したくなります。

車を、単なる製品から、思い出をつむぐ器《うつわ》に変える具体的な提案でした。それは、価格競争を抜け出し、サービスの付加価値で勝負する営業への転換も意味していました。

Fさんは、やがてその販売会社の最優秀営業マンになりました。

性格に
暗い明るいなんてない。
自分をまわりに
どう表現するか。
それが性格に
なっていく。
生まれつきより
意識と表現。
びっくりするほど
人って変わる。

3 今できることを全力でやる

自動車と言えば、私はいくつかのサービスステーション（ガソリンスタンド）の研修もさせていただいています。

サービスステーションの仕事は地味なことのくり返しです。来客を待つ、ガソリンを入れる、要望に応じてオイル交換や洗車をする……。ガソリン価格には大差がなく、スタッフにできることは限られています。

まして、セルフ式のスタンドが増えた今日では、スタッフがいる意味にも疑問を感じることがあるそうです。仕事に意義や価値、やりがいや誇りを感じるのが難しい現状だと言えます。

しかし、独自の工夫や心配りで、着実にファンを増やしているスタッフもいるのです。

あるサービスステーションのスタッフ、Gさんがそうです。

Gさんは、ある日、店の前で信号待ちをしていた車のタイヤのエアがかなり不足していることに気づきました。思い切って近づき、エア不足を指摘して「危ないので点検させてもらえませんか」と申し出ました。

ドライバーは急いでいるようでしたが、とりあえず車を入れてくれました。点検すると、パンクに近いほどエアが不足していて、すぐに補充しようとしました。しかし、ドライバーは「時間がないのに呼び止められた」と迷惑に感じたのでしょう。不機嫌に「別に、いいよ」と断ってきました。

Gさんは「このままだとタイヤがダメになる恐れがあります。少し走ったら、ご自分でタイヤの状態を確認してください。そして、どこかのガソリンスタンドでエアを補充してください」と送り出しました。ドライバーは返事もせずに車を出し、Gさんは「よけいなお世話と思われたか。まあ、仕方ない」と自分に言い聞かせました。

ところが、数時間後、先ほどのドライバーが来店して、こう言いました。「さっきはありがとう。仕事の時間が迫っていたのでお礼も言わずに行ってしまい、申しわけなかった。

もう一度タイヤを見てもらいたいんだが」と。

忙しい中、時間をつくってわざわざ寄ってくれたのです。Gさんは感激し改めて点検してパンクはしていないことを確認しました。ドライバーは点検料を払おうとしましたが、Gさんは受け取りませんでした。

ドライバーは、「店の前を通る車にまで注意を払って声をかけるなんてすごいね。対応も親切だし、今度からはここのサービスステーションを使わせてもらうよ」と言って帰っていきました。

その後ろ姿を見送りながら、Gさんは「こんなふうに、少しずつファンを増やすように取り組んでいこう」と改めて思ったと言います。

「サービスステーションのスタッフにできることなんて限られている」と最初から投げてかかるか、それとも「今の自分にできることを全力でやることで、1人でも2人でもファンをつくろう」と努力を続けるか、意識の持ち方ひとつで、差別化が難しいと言われるサービスステーションにも確実に違いが生まれ、やがて多くのファンが生まれるのです。

4 小さな声がけの勇気を持つ

別のサービスステーションのスタッフ、Hさんは、職場へ向かう途中、バイクを押しながら歩いている人を見かけました。

自分の店は目の前です。最初はガソリンを入れるために歩いているのかと思いましたが、そのまま通り過ぎていくようなので、「どうかされたんですか」と声をかけました。ガス欠でエンジンがかからない、との返事でした。

Hさんが「私はあのガソリンスタンドの者ですが、よろしければすぐに給油しましょうか」と言うと、バイクの人は「財布を落として、お金を持っていないんです」と答えました。家までバイクを押して帰る途中だったのです。

そこで、「どこまで行かれるのですか」と聞くと、バイクの人は、かなり遠くの町名を答えました。バイクを押して帰るにはしんどいだろうなと思ったHさんは、「2～3リットルならお貸ししますから、お店に寄ってください。お金はついでの時に持ってきていただければいいですから」と店に寄ってもらいました。

ガソリンを入れ、エンジンがかかった瞬間に、バイクの人の顔がぱっと明るくなりました。「本当に助かりました。ありがとうございました」とうれしそうに帰っていきました。

そして、その夜に来店し、Hさんに再びお礼を言い、借りたガソリン代を払ったうえ、満タンにしてくれました。

「また利用させてもらいます」と店を出ていきました。

また1人、素敵なファンが増えました。

Hさんは計算があってガソリンを貸したわけではありません。目の前に困っている人がいて、自分にできることがあるならやってあげたいという気持ちからの行為でした。

ただ、日頃から、「ほめ達」の研修を通じて、自分には何ができるかを考え、気づいたことを実行するようにしていたのは事実です。小さな親切は、できるようで案外できないものです。1つの行為にも、気持ちのイノベーション（革新）が必要なのです。

5 「事件」はなにげない会話から始まる

また別のサービスステーションのスタッフ、Iさんは、お客さまとのなにげない会話がお互いの関係を深め、かつ周囲をハッピーな気分にさせるという経験をした1人です。

ある日、Iさんは日本テレビ系の読売テレビでバラエティ番組『秘密のケンミンSHOW』を見ていて、気になる食べ物に出会いました。北海道民が食べているという「ホッケのフライ」です。

「ホッケの開き」なら、Iさんの住む大阪で、いくらでも食べられます。しかし、生《なま》のホッケや、それを揚げたというホッケのフライは、見たことがありません。

数日後、常連客の1人、J水産のお客さまが軽トラックのオイル交換で来店した時、Iさんは、なにげなく「生のホッケって、売っていますか」と聞いてみました。

「ホッケは開きしかないね。でも、なぜ？」と聞かれて、テレビで見たフライのことを説明しました。そして、「テレビでは、本州では生のホッケは販売されないと言ってたんです」「ホッケはいたみやすいからなあ。食べたいの？」「はい。フライの映像がものすごくおいしそうだったので」「魚市場を見てみようか」という会話を交わしました。

普通はそれで終わりでしょう。

ところが、J水産のお客さまは数日後、生のホッケを袋に入れて、わざわざ来店してくれたのです。「ホッケが入った！　フライの話を聞いて、仕入れて店に並べてみたんだよ。すると『ケンミンSHOW』を見た人が結構いて、すぐに売り切れそうだったから、持ってきたんだ」と、まるで大好きな人にやっと会えた時のような飛びきりの笑顔でホッケを渡してくれたそうです。

もちろんIさんは大感激でした。わざわざ仕入れ、わざわざ自分の魚店に並べ、わざわざ持ってきてくれたのですから、うれしくないわけがありません。お客さまも「魚でこんなに喜ばれるのは何年ぶりだろう。俺もうれしい」と心をひとつに喜んでくれ、「食べたら感想を聞かせる」ということで携帯電話番号を交換して別れました。

6　「ありがとう」という報酬

「ホッケのフライ」の味は期待にたがわぬものでした。しかも、あとで知ったことですが、J水産のお客さまは1匹680円もするホッケを3匹1000円という破格の値段で届けてくれたのです。

Iさんは、お客さまの携帯に電話をかけて、改めてお礼を言うとともに、フライのカリカリ感と、ホッケの身のほくほく感を伝えました。Iさんとお客さまが、またまた盛り上がったことは言うまでもありません。

人は、仕事を通して誰かの役に立ちたいし、感動されたいし、「ありがとう」と言ってもらいたいのです。それは、お金には変えられない価値を持っています。

J水産のお客さまも同じ気持ちなのです。魚を売る仕事を長くやってきた中で、Iさんのように心の底から感動してくれる人は、そうそう多くはなかったはずです。だからこそ、「何年ぶりだろう」と喜んでくれたのです。

きっかけは、なにげなく目にしたテレビ番組でした。それがホッケという魚だったことで、得意先のJ水産に話を切り出し、そこからIさんもお客さまもとてもハッピーになることができました。

仕事の喜びというのは、こうした人と人の小さなやりとりを通してはぐくまれていくものなのです。

Iさんは、この経験を「ほめ達」の研修で、レポート用紙の「お客さまに感動を与えた報告書」というタイトルを「お客さまに感動をもらった報告書」と書き直して、1枚の文書にまとめてくれました。確かにそれは、「お客さまに感動を与えると同時に感動をもらった」経験でもあったのです。

素晴らしいお客さまと出会い、お客さまの心の底からの笑顔に出会うために、Iさんはこれからも全力の接客を続けていくことでしょう。

7 ほめることは信じて支えること

仕事にはすぐに結果の出る場合と、出ない場合があります。いくらがんばっても結果が思うように出ない場合は、あせったり、自分を責めたりしてもしょうがありません。「今は種《たね》まきをしている」と考えてみてはどうでしょうか。

「ほめ達」の認定講師になるべく学んでいる中村祐介さんは、あるドラッグストアのスーパーバイザーをしています。

そこで、パートタイマーのKさんから、「一生懸命お客さまにハンドクリームを試してもらっているのですが、売れません」と相談を受けたことがあります。

中村さんは「まだ昼間は暑いでしょう。だから、少しでも買っていただいただけでラッキーですよ」と励ましてみました。ハンドクリームは、寒く乾燥して手が荒れる時期には必需品になりますが、相談を受けた時期は、まだそんな季節ではなかったのです。

「でも、今の時期でもたくさん売っているお店もあるから悔しいじゃないですか」とKさんはあきらめません。確かに、他店や競合店で売れているものが自分には売れないのか、疑問に感じて当然です。中村さんは、こんなふうに答えました。

「そうですね。悔しいですよね。でも、僕はKさんの努力は素晴らしいと思います。今は種まきの時期ですよ。寒くなってきたら『あっ、あの店でハンドクリームすすめてくれてたなあ』と思い出して、きっと来て買ってくれますよ」

「種まきなんだ。私がやっていることって」

「そうです。種まきなんです。種をまかないと花は咲きません。でも、まき続けることできれいな花が必ず咲くようになります」

「そうですね。種をまかないと花は咲かないですよね。私、がんばります」

結果が出るまで努力を続けると決めたKさんを、中村さんは心から応援すると決めたそうです。

「花の咲かない寒い日は下へ下へと根を伸ばせ」という言葉があります。種まきとは少し違いますが、いくら努力をしても結果が出ない、つまり花が咲かない時は「いつか」を信じて根を伸ばす努力を続けることです。やがて必ず「時」が来ます。その時、根を張った植物には、大輪の花が咲くのです。花が咲くまでに時間がかかるのは、「ほめ達」も同様です。「ほめる仕組み」を取り入れたからといって、すぐに来客数や売上高が飛躍的に伸びるわけではないのです。最初は、なかなか思うにまかせません。しかし、この時期の種まきがなければ、花が咲くこともないのです。

「やろう」と決めて1～2か月でやっと変化が現れ、3か月、4か月と続けるうちに来客数や売上が伸びてきます。お客さまからの感謝の言葉も返ってくるようになります。

大切なのは、信じて支えることです。「特効薬」「万能薬」を求めてはいけません。物事は、何かを変えるとすぐに結果が出るほど簡単ではありません。

飛行機が離陸するまでに長い滑走が必要なように、仕事や人の成長にも助走期間が欠かせません。その時期に「たいした結果が出ないじゃないか。ダメだよ」とふたをせずに、ほめて支えてあげましょう。

「ダメダ」ではなく
「惜しいなあ！」
「違うよ」よりも
「そうくるか！」
会話が元気に
続くコツ。

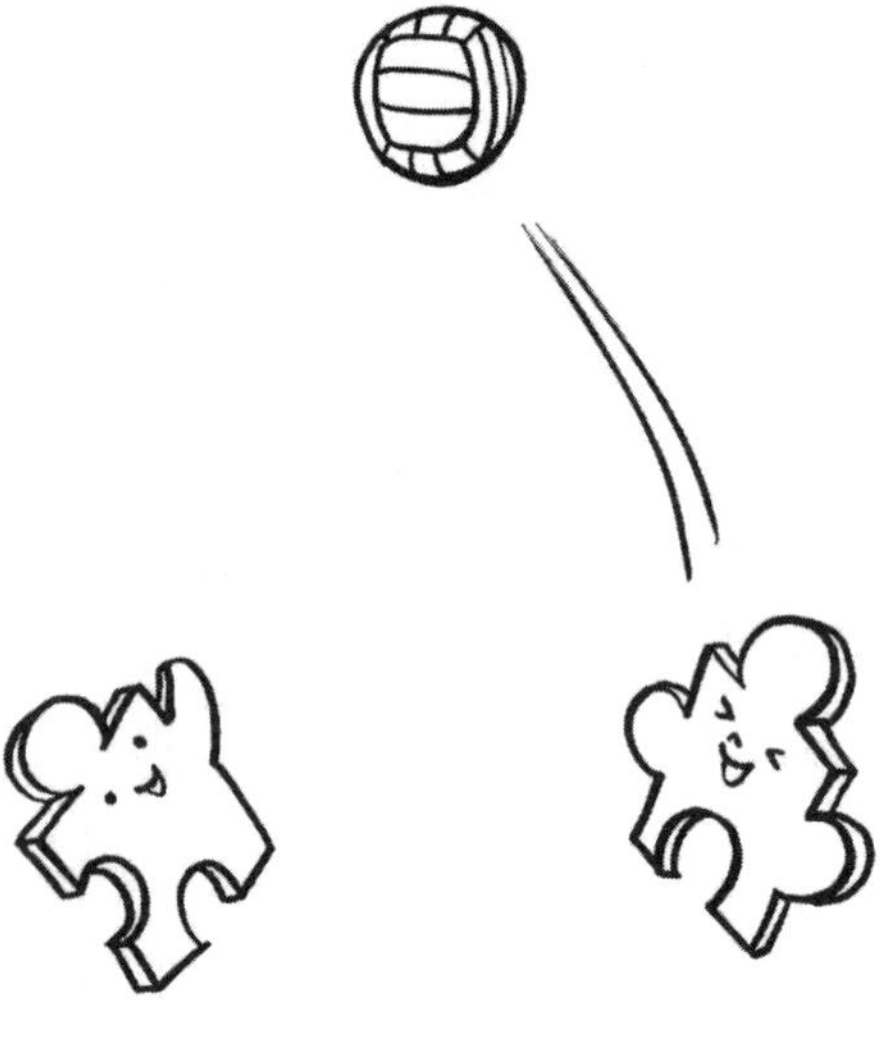

8 人間力は言葉の交換力に比例する

私の最近の愛読書に『ネガポ辞典』（主婦の友社）があります。ネガティブな言葉をポジティブな言葉に変換するアプリケーションを書籍化したものです。

「キモい」は「存在感がある」「個性がある」「ミステリアス」。

「存在感がない」は「まわりにとけ込める」「縁の下の力持ち」「落ち着いている」。

「敗北」は「成長材料」「勝負に張り合いが出てくる」「結果オーライ」。

引け目を感じていることや欠点をネガティブな言葉で批判されると落ち込んでしまいますが、このようなポジティブな言葉でほめられたら、確かに前向きになれます。

言葉には、それだけの力があるのです。

日頃どんな言葉を使うかで、考え方も行動も変わってくるのです。

たとえば、私たちは感謝を表す時に「すみません」と言うことが多いのですが、これを「ありがとうございます」と言い換えるだけで印象はよくなるものです。

お茶が出たら、「あっ、すみません」ではなく、「ありがとうございます」。

人が待ってくれていたら、「すまないね」ではなく、「ありがとう」。

「すみません」では笑顔が出にくいのですが、「ありがとうございます」なら笑顔が浮かぶでしょう。「ありがとう」に言い換えられる言葉は、意識して全部言い換えると、職場や家庭で、笑顔が一気に増えていきます。

あるいは、助言する時は「惜しいなあ」と言うように心がけます。

私たちは、助言を求められると、「この際言っておこう」と欠点を次々と指摘するクセがあります。「早口なのは、性格が粗忽《そこつ》だからだ。ついでに言っておくとね……」というように言っては、助言になりません。「言葉づかいもいい。態度も合格点だ。ただ、1つ惜しいのは……」というように言えば、相手は心を開いて受け入れてくれるでしょう。

相手の反応が思い通りでなかった時も「違うよ」ではなく「そうくるか」と受けます。小さな言い換えの積み重ねが、会話を変え、人間関係を変えていくのです。

9 言葉を変えれば心が変わる

企業にとって人の採用は将来を左右する大切な行為です。今どんな人を採用し、どのように育てるかで、企業の10年先は決まってくると言っても過言ではありません。

三岡大輔さんの仕事は、クライアントのサロンオーナーやお店のスタッフの価値や強みを見出して、販売促進につなげることです。あるいはサロンへの就職を希望する人の強みを発見して、就職先にアピールすることです。

三岡さんが同行面接に臨んだ美容師希望の男性Lさんは一般企業で働いてきた人で、美容師経験はありませんでした。年齢も24歳と遅いスタートです。しかし、Lさんの面接先は、東京の表参道や銀座などの一流の場所に12店舗を持ち、芸能人や皇室関係者も訪れるほどの超一流美容グループでした。

その面接は同席する三岡さんさえ、いつも緊張を強いられるほど厳しいものです。面接官は同社のカリスマオーナーと、「経営の神様」と言われる顧問です。就職希望者は2人を前に自分をアピールすることを求められます。しかも、2人から発せられるのは「では、自分のアピールをしてください」というひと言だけなのです。

カリスマオーナーと顧問はただ黙って話を聞きます。面接は人生を左右する大事です。その勝利を自分の手で勝ち取る気概や迫力がなければ、就職しても本物にはなれないと考えています。

面接を終えたLさんに、オーナーは「今日は会わなかったことにしましょう」と伝え、立ち去りました。悔し涙を流すLさんに、三岡さんは「振り返り面談」を行いました。面接でのLさんの答えを振り返ることで、何がダメだったのかを反省し、次の面接にどう臨むかを決めるためのものです。

三岡さんは特にLさんのマイナスポイントに注目し、弱みをどうすれば強みに変えることができるかを一緒に考えました。たとえば、「未経験」は「だからこそ素直な吸収ができる」と言えます。また、「24歳は美容師のスタートとしては遅め」は、「危機感が強く、時を無駄にしない」と言えます。さらに、「見た目が弱々しく見える」も、「伸びしろは無限」と言ってしまえるのです。

Lさんは、マイナスポイントをネガティブにしかとらえていませんでした。しかし、マイナスを「強み」に言い換えていくにつれ、少しずつ自信を持てるようになっていきました。自信が出れば、声も大きくなります。相手の目をしっかりと見て話をすることもできます。笑顔も出ます。一般企業で働いてきた経験も生きてきます。

Lさんはこう考えるようになりました。「美容師経験がないことは、マイナスではない。自分には社会人としての経験がある。これから先、さまざまな試練があるだろうが、きっと乗り越えていってみせる」と。技術も大切ですが、最後は人間力なのです。

再び面接のチャンスをもらったLさんは、カリスマオーナーと顧問の前でも臆《おく》することなく話ができました。途中でしどろもどろになりながら、最後に「これからの自分を見てください」と本気で言い切ることもできました。

結果は「うれし涙」でした。

三岡さんは自分の仕事を改めて大好きになったのでした。

10

「ににんがしあわせ」の思考グセをつけよう

私は、九九を、こんなふうに言い換えています。

ににんが「しんどい」ではなく、ににんが「しあわせ」。

さざんが「苦しい」ではなく、さざんが「サンキュー」。

こんな習慣がつけば、山ほどのマイナスが目についたとしても、脳が勝手にプラスに変換し、明るく前向きな言葉、感謝の言葉が口から出るようになってきます。

「2×2＝4」を「ににんがし」、「3×3＝9」を「さざんがく」とくり返すことで、私たちは「九九」を覚えました。それは頭に刷り込まれ、「ににんが」と言われて、「し」以外の言葉が出てくる人は多くないはずです。

最初は覚えるのに苦労しても、身についてしまえば、あとは自然と口をついて出るようになるのです。

私は、思考も同じだと思っています。

ネガティブな言葉をポジティブな言葉に言い換えることを何度もくり返すうちに、どんな時にも自然と明るく元気な言葉や感謝の言葉が出るようになります。人は言葉を使って考えますから、ポジティブな言葉を使うようになれば、思考もおのずと前向きで積極的になっていくのです。

私たちは、何かに接した時、プラスよりもマイナスのほうに目が行きがちです。それはなかば本能と言ってもいいでしょう。

何百万年も自然の中で暮らしてきた間、何か音がすれば「猛獣ではないか」「天候悪化のきざしだ」「敵が近づいたのではないか」などと悪い方向にとらえ、対処することで、私たち人類は生き延びてきたからです。

ですから、マイナスを見るなと言うのはムリです。

大切なのは、目についたマイナスをすべてプラスに変換していくことです。そして、それはトレーニングでできることなのです。

魅力的な人は、魅力的な考え方をして、魅力的な言葉を使い、魅力的な表情で、魅力的な行動をして、魅力ある人たちと一緒にいます。そういう歯車がしっかり噛《か》み合うように生きたいものです。

3章

ヒーローをつくる人が真のヒーロー

――人の経済価値を存在価値に高める

感謝は
最高のほめ言葉。
小さな事実を
添えれば
もっといい。
「毎日笑顔で（事実）
ありがとう（感謝）」

1 「感謝されたい人」より「感謝する人」に

「部下から感謝状をもらえるようなリーダーになりませんか」

リーダーシップやマネジメントの研修の冒頭で、私はまず、こんな提案をしています。

ほとんどの人は、一瞬ポカンとした表情をします。「自分が表彰するならわかるけれど、自分が感謝状をもらう？」と、イメージすらできないのです。

ところが、社員やアルバイトが、リーダーに感謝状を渡すケースが現実にあるのです。

「毎日、楽しく仕事をさせてくれてありがとうございます」「こんないい組織をつくってくれて感謝！」という言葉が、本当に社交辞令なしで交わされるのです。

そんなふうに感謝されるのは、「感謝するリーダー」です。

一般的なリーダーは、「感謝されたい人」がほとんどです。「私は人一倍働いている。私の的確な指示がなくて、社員やアルバイトだけで売上や数字を伸ばせるか？　私は感謝されて当たり前なのだ」と考えています。しかし、そういう考え方は、どんなに腰を低くしようと、「あれは表面上のことだ」と周囲に見抜かれてしまいます。

実際には、売上や数字を伸ばすのも減らすのも、社員やアルバイトの「行動」です。また、現場で直接、お客さまに感謝と感動を与えるのも、多くの場合はリーダーではなく、スタッフたちです。

だとすれば、彼らに感謝と感動を与えることが、リーダーやマネジャーの役割ではないでしょうか。

感謝と感動のマネジメントへの挑戦です。

感謝する目で見直すと、周囲がガラリと変わって見えてきます。

たとえば、「仕事がのろい」人に、「ていねいだ」という面が見つかるかもしれません。「少しも伸びない」人が、「伸びしろが大きい」と見えてくるかもしれません。不満だらけだった心の中に、「ありがとう」という言葉が自然に湧いてくるのではないでしょうか。

「ありがとう」と口に出して言いましょう。もっといいのは「いつも笑顔だね。ありがとう」と、事実プラス感謝の形にすることです。

大切なのは「こっちも感謝したんだ。そっちも感謝しろ」と押しつけをしないことです。たとえ反応が鈍かったり、なかったりしても、感謝の気持ちを伝え続けることです。

「感謝」の反対語をご存じでしょうか。「恨《うら》み」ではありません。「当たり前」なのです。「当たり前だ」と見てしまうと、そこに感謝はなくなってしまいます。

しかし、当たり前のことなど実はありません。どんなことも誰かの努力や工夫のたまものなのです。当たり前に見えることの中に感謝を見つけられるのが「ほめ達」です。

感謝の言葉は、1滴また1滴と水がコップにたまっていくように、社員やアルバイトの心に蓄積されていきます。それが、いつかいっぱいになり、あふれ出す時が来ます。「感謝の復讐《ふくしゅう》をしたくなる」瞬間です。抑圧されたら仕返しをしたくなるように、感謝され続けると、どうしてもお返しをしたくなるものなのです。

この感謝の報復に終わりはありません。そういういいサイクルが回り始めるように、私は企業研修を通して、ほめる企業文化醸成のお手伝いをしたり、「日本ほめる達人協会」で「ほめ達検定」を実施したりしているのです。

2 ハレの日を用意する

リーダーやマネジャーが部下から表彰されるだけでなく、経営者まで社員やアルバイトから感謝状を渡される会社があります。そういう、お互いに感動を与え合っている会社の1つが、株式会社ダンクです。

大阪や東京を中心に焼き鳥店を展開する株式会社鳥貴族のフランチャイズチェーン店を多数、経営する会社です。

ダンクの片岡達治社長は、1982年から個人で焼き鳥店を経営し、成功していました。しかし、店は儲《もう》かっていたものの、ほかにも経営していた会社の影響で苦境に陥りました。

当時の片岡社長の苦境はかなりのものでした。

ある時、自宅で使っていた電子ジャー（炊飯器）が壊れ、ご飯が炊けなくなってしまいました。ところが、そのジャーを買い替えるお金すらないのです。

家には子どももいて、ご飯を炊かないわけにはいきません。仕方なく、経営する焼き鳥店で使っている大型の電子ジャーを閉店後に自宅まで持ち帰り、朝、ご飯を炊いたら開店前に店に持っていくことにしました。

業務に使っているくらいですから、すごく大きく重く、毎日抱えて帰って、また抱えて出かけるのは大変です。近所の目もあります。でも、「あの人、大丈夫?」という視線が突き刺さっても、クスクス笑われても、新しい電子ジャーを買うお金がないのですから、どうしようもありません。

苦労の象徴として心に刻まれました。

その後、鳥貴族のフランチャイズとして成功してからも、片岡社長は社員やアルバイトたちスタッフと飲むたびに「昔は本当にお金がなくて、『伝説のジャー』という話があってね……」と話していました。いつも感謝を伝えてくれる社長の苦労話、それは社員たちの心にも刻まれていったに違いありません。

ダンクは、「1人でも多くのお客さまに感謝を伝えたい、感動を与えたい」「お客さまを大切に思う気持ちでスタッフがつながっている」というコンセプトで店づくりや接客などに取り組んでおり、私もそれをお手伝いしています。

その活動の華《はな》が、半年に1回開かれる「ホスピタ総会」です。「感動部門」「ベスト調理者部門」「チームワーク部門」といった部門ごとに、「新人賞」「成長賞」「グランプリ」などを授与するのです。最近では「ほめ達賞」も設けられています。

「ホスピタ」とは、心のこもったサービスを意味する「ホスピタリティ」からつくられた言葉で、ホスピタ総会は、日頃はお客さまに感謝と感動を与えているスタッフに、社長から感謝と感動を与えたいという趣旨です。

プレゼンターは社長ではなく、受賞者の仕事ぶりをよく知っている店長や同僚が務めるところが感動を呼びます。当日はスタッフのハレの日です。半年間黙々と働き、トラブルを解決し、成果がなかなか出ない時期も乗り越えた末に、自分を最もよく知る人から表彰されるのです。会場は熱気に包まれ、うれし涙であふれます。

回を重ねるにつれ、「社長から感謝されるだけでなく、自分たちの感謝も社長に伝えたい」という話まで、スタッフから出るようになりました。

3 アルバイトが社長を表彰する会社

ダンクの第3回ホスピタ総会は、片岡社長夫妻の銀婚式が近い2009年4月に行われることになりました。それを知った社員とアルバイトたちは、「あの伝説のジャーを探して、社長に見せよう！」というサプライズ計画で盛り上がりました。

ところが、そうは簡単にいかなかったのです。

インターネットですぐに探せると踏んでいたのですが、さすがに20年近く前の電子ジャーとなると、まったく出てこないのです。検索してもヒットせず、リサイクルショップにもありません。

行き詰まってメーカーに尋ねたところ、1台だけ資料用として置いてあるということがわかりました。でも、「貸してください」とお願いしたら、「たった1台しかない大切な資料ですから、申しわけありませんが、お断りします」とノーを言われてしまいました。

あきらめきれないスタッフに頼まれ、私は、そのメーカーの経営者にあてて手紙を書きました。こんな会社があって、スタッフが本気で社長に感謝を伝えたいと思っている、式典のほんの1～2時間だけお貸しいただけませんか、と訴え、ようやく「そういうことなら」と貸してもらえることになりました。

社長の奥さんにご協力いただき、「これです。間違いないです」と確認も取り、ギリギリになって準備が整ったのでした。

ホスピタ総会は感動のうちに進みました。最優秀MHS（めっちゃ・ホスピタリティのある・スタッフやん）賞の授与で最高潮に達し、最後に片岡社長の挨拶で閉会……となるはずですが、ここからがサプライズです。代表社員が「社長、結婚25周年ですね」と社長夫妻に壇上で並んでもらい、こんなスピーチをしました。

「ホスピタ総会は社長がアルバイトに感謝を伝える会ですが、今回はスタッフの自分たちが社長と奥さんに感謝の気持ちを伝えたいんです。こんな会社をよくつくっていただきました。社長が奥さんと一緒に、しんどかった時も歯を食いしばってがんばっていただいたお陰で、私たちが楽しく働ける会社が今ここにあるのです」

ひと息ついて、こう続けました。

「その感謝の気持ちを表すために、社長が機会あるごとに言っていたあの伝説のジャーを探して、探して、探して持ってきました」

感無量の面《おも》持ちで聞く片岡社長の前に、あの伝説のジャーが運ばれてきました。社長が「あのジャーやん！　懐かしい」と声をあげ、思わず蓋《ふた》を開けると、中から150通の手紙があふれ出てきました。

当時のダンクのスタッフ150人の全員が感謝とお礼の言葉を手紙に書いて、詰め込んでいたのです。

苦しかった時代の思い出の品に会えただけでうれしいのに、中からスタッフの感謝の文字があふれ出てきたのですから、こんなうれしいことはありません。

1人1人の手紙を手に取り、読むにつれ、片岡社長の目から涙がこぼれ落ちました。それを見た会場のスタッフみんなも泣いていました。

見守っていた私も、目頭が熱くなってしまいました。

4 周囲が変わった！ それは自分の変化から

スタッフがここまで熱くなれるのは、ダンクが「社員、アルバイトである自分を伸ばしてくれる会社」であるからです。

鳥貴族は外食産業であり、接客サービス業でもあります。

お客さまにじかに接する仕事は難しいものです。感謝や感動もダイレクトに伝わる一方で、手抜きや不作法、「うるさい客だなあ」「早く仕事を終えて帰りたい」といった気持ちが少しでもあると、たちまち伝わってしまいます。

また、お客さまは人それぞれ性格も要求も異なり、常に感動を、という気持ちがくじけそうになることもあります。１人ではとても続けられないでしょう。

お客さまに感謝するという心の面と、スタッフ同士が心を通わせて一丸になるというチームワークの面の2つが噛み合ってこそ、やり遂げられるのです。

とはいえ、現場は仕込みから掃除まで常に忙しく、アクシデントも次々と起きます。コスト削減やオペレーション（業務）改善など取り組むべき課題も山積みです。

きれいごとのスローガンを掲げれば心が変わり、長期研修でじっくり訓練すればチームワークが磨かれるというような簡単なものではないのです。1歩間違えばたちまち人間関係はギスギスし、スタッフが辞めていき、店が荒れていく危険と隣り合わせです。

まず経営者が変わらなければ、スタッフが「ここは自分を伸ばしてくれる会社だ」と感謝する会社になることはできません。

経営者に「変わりたい、変えたい」という意思があってこそ、私も、そのお手伝いができるのです。ダンクでは、ホスピタ総会だけでなく、店長やスタッフが互いに手紙を書き合い、毎月の給与明細書とともに渡す「ありがとうの手紙」、社内報「ありがとう通信」、あるいは、ほめ達検定のような「ほめるミーティング」といったさまざまな「ほめる仕組み」が実施されています。経営者とスタッフがお互いを尊敬し、高め合い、いいサイクルで回し続けている好例の1つがダンクだと言えます。

5 感謝は伝染する

いいサイクルが回り始めると、社員はもとより、アルバイトまでぐんぐん伸びるようになります。

実際、最初は小づかい稼ぎ気分だったけど、働いているうちに自分が人間として成長していることに気づいたというアルバイトが、ダンクにはとても多いのです。

私は、そんなアルバイトたちからも「会社に感謝を伝える方法はないか」と相談を受けました。そして、彼らと一緒に考えたのが「アルバイトスタッフによる自分の成長と感謝を伝える3分間スピーチコンテスト」です。店舗から代表が選ばれ、お店に対する感謝の気持ちや、自分自身の成長などを3分間話すのです。

2008年11月の第2回ホスピタ総会からスタートし、毎回、思いの詰まった感動スピーチのオンパレードになっています。

その中でも特に印象に残ったものに、ある店のMさんという女性アルバイトのスピーチがありました。

Mさんは、その店の看板スタッフの1人でした。130人以上のスタッフの中から「最優秀スタッフ」にノミネートされるなど、後輩たちが「M先輩のようになりたい」とあこがれる対象でもありました。

ところが、店に入ったばかりの頃の彼女は、まったく違う人間だったのです。

新人時代のMさんは、笑顔は素晴らしいけれど、私語が多く集中力に欠けており、お客さまの注文もなかなか覚えられません。見かねて少し注意するとすぐに泣き出し、それ以上言うと、今度は怒ってプイと帰ってしまうありさまだったのです。

そんな彼女が優秀なスタッフに育ったのは、N店長の存在があったからでした。

N店長は、Mさんが泣いても怒っても、容赦《ようしゃ》することなく厳しく接しました。Mさんが、「N店長は、なぜ自分にばかりつらく当たるんだろう。私をみんなの見せしめにしているのではないのか」と疑うほどの厳しさでした。

もちろん、そうではありません。彼女の甘さやわがままに感情的に対応したのでもなく、彼女を見せしめにして組織を引き締めようとしたのでもなく、むしろ、非常に高く評価していました。「Mさんは、もう少しで最優秀MHS賞も取れる。その『もう少し』が惜しい」と考え、周囲にも秘《ひそ》かにそうもらしていました。

いいところまでいっているスタッフを「もう少し」と評価するのは普通にできますが、問題だらけのアルバイトをそういう温かい目で見るのは、なかなかできることではありません。

N店長の思いは徐々にMさんに伝わっていき、彼女は店長の背中を見て熱心に働くようになっていきました。

やがて、スタッフとしても人間としても大きく成長したMさんは、「感謝の復讐」をしたくなりました。「自分の感謝の気持ちを伝えるスピーチをして、N店長を泣かせたい」と思い、スピーチコンテストに参加したのでした。

6 感動は貫通する

Mさんのスピーチは、N店長を直撃する感動に満ちていました。

「私は今でこそまわりからほめてもらったり、表彰を受けたり、後輩たちから『あこがれています』と言ってもらえるようになりました。でも、入ったばかりの頃は、メニューも全然覚えられず、注文も間違えて受けるなどミスの多いアルバイトでした。ちょっと怒られただけで、すねて泣いていました。悔しくて途中で帰ってしまったこともあります。本当にダメなアルバイトでした。そんな私がここまで来られたのは、N店長の背中を見て働いてきたからなんです。N店長の背中が私を育ててくれたのです」

ところが、ここで思いがけないことが起きました。

N店長ではなく、彼の後ろの別の社員が、いきなり号泣を始めたのでした。

Mさんの感動の弾丸は真っすぐにN店長に届き、彼も、「ああ、これは泣いてしまう。いいんだ。泣こう。号泣して感動を会場のみんなに分かち合ってもらおう」と感動しました。しかし、あまりに激しく感動したために頭の中が真っ白になってしまって、涙が出てこないのです。

感動の弾丸は、N店長を貫通してしまい、後ろの社員に命中して炸裂《さくれつ》したのです。

その社員は、MさんとN店長の両方の気持ちを早くから知る立場にありました。Mさんからは「店長は私にばかり厳しい」とグチを聞かされ、N店長からは「彼女はあと少しなんだよ」と聞かされていたのです。

だから、スピーチを聞きながら、「Mさんはめちゃめちゃ成長しよった。いいこと言うてるわ。これ聞いたら店長泣くやろなあ」と感動し、自分のほうが先に号泣してしまったのです。

その姿を見て、まわりの人も感動し、涙を流しました。N店長も泣きました。そういう感動の不思議な伝わり方が起きたりするのが、実際の現場です。

スピーチコンテストに限らず、あらゆる場で同じようなことが起きるのだと思います。

感謝を伝えようとして全力の接客を続けていると、感謝の気持ちはお客さまに伝わり、やがてお客さまから感謝のお返しがやってきます。

感謝を伝えようとして社員にさまざまなアプローチをしていくと、感謝の気持ちは社員に伝わり、やがて感謝のお返しがやってきます。それは、ハレの場では涙という形を取りますが、日頃の業務では、売上や数字の向上や、集客力の強化、店の評判が上がるなどの形となって現れるでしょう。

これは、接客サービス業だけではないと思います。

ものづくりなどの分野でも、人を根源的に動かすのは感動や熱意ではないでしょうか。

たとえば、アップルには「熱意は人から人に伝わる」という言葉があるそうです。創業者スティーブ・ジョブズが１９８０年代にパソコンの名機マッキントッシュを開発した時、技術者の１人が言った言葉です。

ものをつくる人間が、本気で熱意を持って取り組むと、その気持ちは製品を通じてユーザーに伝わるという意味だそうです。この熱意の伝統を知って以来、私はマックを愛用しています。

「泣き虫」は
自分が悲しい時に泣く。
「涙もろい人」は
人が悲しい時に泣き、
人が感激しても泣く。
涙もろいと
恥ずかしい。
だけどひそかに
幸せだ。

7 本気は恥ずかしさを超える

感謝には、すべての人を幸せにする力があります。お客さまに伝わって心を満たし、売上を伸ばします。また、自分が成長し、人に良い影響を与えられるようになります。

さらには、親と子の絆も強めてくれるのです。

現代では、多くの子は親の働く姿を知りませんし、ほとんどの親も子のアルバイト先での姿を知りません。かつては、子は親の仕事や家事を手伝い、親と子は互いの働く姿を通してたくさんのことを学び合っていました。そういう大切な絆のプロセスが消滅しつつあるのは残念なことです。

ダンクのホスピタ総会には、表彰されるスタッフのお母さんやお父さんが登場します。最初はそんな機会はありませんでしたが、スタッフの提案を受けて総会が進化する中でそうなってきたのです。今では大阪以外の地方から表彰式に列席してもらったりします。「ある方からお祝いの言葉が届いております。今日この日、一緒にお祝いがしたいと駆けつけてくださった方がいます」という言葉とともにお母さんやお父さんが壇上に上がり、手紙を読んでもらったりもします。

照れくさいイメージがあるかもしれませんが、実際には、そんなことはまったくありません。むしろ親と子が互いに感動し、気持ちを知り、感謝の気持ちを深める場になっています。

第2回ホスピタ総会で最優秀MHS賞に輝いたPさんという女性アルバイトの場合もそうでした。

彼女のお母さんは、彼女がアルバイトをすることにずっと反対でした。以前のPさんは、働くことに熱意を持たなかったからです。必要なお金さえ入ればいいという学生の小づかい稼ぎの典型で、適当に流していました。「そんないい加減な気持ちで働くくらいなら、学生の本分である勉強に打ち込んだほうがいい」と親が思うのも当然でした。

ところが、鳥貴族で働くようになってからは、これが逆になったのです。

8 「居場所」が輝く舞台になる

Pさんは、鳥貴族で働くようになってからは、週に5日間も、終電まで働くようになったのです。

それだけではありません。働かない2日間は、客として鳥貴族に行き、カウンターで焼き鳥を食べるのです。

週に5日間、毎日100皿以上の焼き鳥を運び、まかないご飯でも焼き鳥を食べれば、普通なら焼き鳥を見るのもいやになるでしょう。ところが、彼女は残りの2日間もわざわざ焼き鳥を食べに行くのです。

Pさんは、鳥貴族で働くことが大好きになったのでした。

それ以前のアルバイトは、お金を稼ぐためにいやいや行く場所でした。できるだけラクをして短時間でお金をもらいたいという気持ちがありました。当然よそ者扱いされ、自分の居場所などありません。

しかし、鳥貴族には自分の居場所がありました。お客さまに喜んでもらえる素晴らしい仕事があり、自分が輝ける舞台がありました。

それ以前のアルバイトは行くのがつらかったのに、鳥貴族は行くのが楽しくて仕方がないのです。

その結果が、驚くほどの「鳥貴族漬け」生活だったのです。

そんな娘を見れば、お母さんが、今度は「アルバイトにそんなに夢中になって、学生の本分である勉強はおろそかにならないのか」と不安になるのも、ムリはありません。「娘は勉強もしないで、焼き鳥屋でアルバイトばかりしている」と思い、鳥貴族に決していい印象は持っていませんでした。

ところが、ホスピタ総会の話を聞くと、そこは親の自分も感動の渦に巻き込まれてしまうような熱い場所でした。

しかも、そんな場で娘が手にしたのが、150人の中で最も優秀だとされるMHS賞だったのです。

お母さんは、自分の娘が、お店やお客さまからこんなに評価されている、こんなに感謝の言葉をもらっていると知り、大変感激しました。

Pさんも、娘が表彰されると知った母親が、会社や社長に感謝し、Pさんをねぎらった手紙を書いてくれたことに心から感動しました。

後日談があります。

Pさんは大学卒業後、いったんはある大手企業に就職しました。でも、「ここはお客さまに対する気持ちが本物じゃない」という理由で退社し、鳥貴族に社員として入社することになったのです。

Pさんだけではありません。ある表彰式では、お母さんが子どもから聞いていた「素晴らしい会社」だということを実感したと言い、「長い人生の中で、このような形で親子が向かい合って気持ちを伝えることは数少ないと思います。このような場を与えていただき、大変感謝しております」と続けました。

母親の言葉を聞いて、表彰されたスタッフはぼろぼろと泣きました。そして、「母の前で泣いたのは久しぶりです」と、はにかみました。

親と子が、お互いに涙を見せられるほどの場を提供できたことを、私も心からうれしく思いました。

4章

感謝の力で現実を動かす

——この世に「当たり前」のことなんてない

時には「ほめも」を
手渡そう。

書くことは
3つでかまわない。

「あなたはこんなことをした」

「それはこんなに役立った」

「だから言いたい。

ありがとう」

1 書いてほめる時の3つのポイント

「書く」とか「手紙」といった言葉が、ここまでに何度も出てきたことに気づかれたことと思います。書いてほめることは、特に仕事の中では、とても大切なのです。

口に出してほめることはもちろん重要ですが、文字に書くことは、さらに効果的なのです。ほめ言葉を書くために、日本ほめる達人協会では公式の「ほめも」を作成、発売しているくらいです。

書いてほめる時のポイントは3つあります。

①具体的なエピソードを入れる
②相手の行動や存在がどのように役に立ったのかを伝える
③そして感謝を添える

わざわざ書かなくても、口頭で伝えればいいことのようにも感じます。しかし、書くことには、また違う素晴らしさがあるのです。

書かれたものは残しておくことができます。

たとえば、もしあなたが上司から、裏までびっしりとほめ言葉が書かれた「ほめも」、あるいは1枚のメモ用紙をもらったと想像してみてください。

仕事をしていれば、失敗した、成果が出ない、お客さまからクレームをつけられたなどと落ち込んだり、きつい思いをしたりすることがしばしばです。時には、ほめ言葉を書いてくれた上司当人から叱責《しっせき》されたりもするでしょう。

そんな時、ほめ言葉が書かれた紙を取り出して読み返してみましょう。

「先週、月曜朝イチのきついクレームの電話に、感情的になることなくていねいに対応、20分もかけて解決してくれたね～。

みんな緊張して聞いてたんだ。お陰で、いい1週間のスタートが切れた。先週の売上はなんと6％アップ！

心からありがとう。みんなが感謝してます」

読むほどに、「どうせ自分なんか」「なぜ自分だけが」と煮詰まっていた気持ちが少しほぐれ、「もうちょっとがんばってみよう」と思えるかもしれません。

書かれているエピソードは、自分でも忘れるほど些細《ささい》なことだったかもしれません。しかし、上司はそこにきちんと価値を見出して認め、感謝を伝えてくれたのです。

口頭の「ありがとう」も記憶に残り、反芻することができますが、忘れたり、記憶が薄れることもしばしばです。特に落ち込んだ時は、マイナスのことばかり思い出され、ほめられた記憶は浮かび上がりにくいものなのです。

その点、紙に書かれた「ありがとう」は、どんな時でも、何度も読み返すことができます。「がんばろう」という力に変えていきやすいのです。

叱る時は口頭で、ほめる時は文章に書いて渡す、これが鉄則です。

かつて自分をダメ店員と思い込み、劣等感のとりこになっていた女性がいました。彼女は、私がまとめた「こんなにていねいで熱心なスタッフがいる店舗なので、これからの成長が楽しみです」という報告書を何度も何度も読み返すことで言葉を力に変え、やがてその店で最優秀賞をもらうほどのスタッフへと成長しました。

2 会社の同僚に手紙を書けますか

「叱る時は口頭で、ほめる時には書いて渡す」というのが「ほめ達」のひとつの鉄則です。もちろん口頭でほめ、感謝や感動を伝えることは大切ですが、それをさらに「ほめもし」や手紙に書いて渡すと、心がよく伝わります。また、書いたものは何度も読み返すことができ、大切な宝物として手元に置いておくこともできるのです。

「ほめ達」の1人である倉本健太さんは、社内の上司や同僚、部下など大切な人の誕生日に手紙を書くことを習慣にしています。誰に言われたわけでもありませんが、日頃感じている感謝の気持ちを手紙という形で伝えるようにしています。

手紙を書くことは、自分の考えを整理することにもつながります。感謝の気持ちを書き進めるうちに、自分にかかわってくれている人たちによってどれほど助けられているのかが改めてわかります。いて当たり前と考えがちな人たちが実はどれほど大切な存在なのかも、再確認することができます。

手紙をもらうことに最初は戸惑った人もいたでしょう。しかし、続けているうちに今では上司や同僚、部下も手紙をもらうことを楽しみにし、読んで喜んでくれるようになりました。これほどうれしいことはありません。

そんなことを続けていくうちに、倉本さんにちょっとしたアイデアが浮かびました。本人だけでなく、仲間の家族の誕生日にも手紙を書いたらどうだろう、というのです。上司や同僚、部下とは日々会社で接しています。日々のつき合いを通して、感謝の気持ちを手紙に書くことはできますし、手紙を渡すのも多少照れくささはあったとしても、決して不自然な行為ではありません。

でも、その家族はどうでしょうか。

会ったこともなければ、どんな人かも知りません。にもかかわらず、感謝の手紙を書くなんてできるのでしょうか。第一、会社の人ではあっても、家族にとっては知らない人である倉本さんから手紙をもらったことを、どう感じるのでしょうか。

3 感謝こそが「ほめ達」の原点

悩んだ末に倉本さんはやってみることにしました。

書くのは、日頃からがんばってくれている仲間の様子であり、こんな素晴らしい仲間に出会えたことへの感謝の気持ちです。いつまでも元気でいてほしい、という思いです。そのうえで、誕生日を迎えた家族の人へのお祝いの言葉も添えました。

書いた手紙は仲間に託して渡してもらうことにしました。1通の手紙を通して、家族が会社でどんな仕事をし、どんな仲間と働いているのかを話す、そんなきっかけになればいいという願いもありました。

そんなある日、倉本さんの誕生日に1通の手紙が届きました。差出人は仲間の妹さんでした。そこには倉本さんの誕生日をお祝いするメッセージと、倉本さんの仲間であるお姉さんへの愛情あふれる言葉が詰まっていました。

倉本さんが手紙を書き始めたのは、大切な仲間への感謝の気持ちを家族に伝えたいという思いからでした。まさかお返しの手紙が届くとは思ってもいませんでした。それだけに、喜びはとても大きなものでした。

倉本さんは今も仲間やその家族への手紙を書き続けていますが、その日、もらった手紙は今も大切に持ち歩き、何かあるたびに読み返すことにしています。

会社の仲間は大切な存在なのに、日々、仕事をしていると相手のイヤなところ、ダメなところばかりが目についたり、あるいは相手のなにげないひと言で傷つくことだってあります。会社の仲間は、いて当然であり、時に「いやな存在」でもあります。

でも、この「いて当然」は、本当は当然ではありません。いてくれること、ともに働いてくれること、支えてくれることは、とても素晴らしいことなのです。

仲間に対する感謝の気持ちを忘れそうになった時、倉本さんはもらった1通の手紙を見ることで、感謝を思い出すのです。

その感謝こそが「ほめ達」の原点なのです。

「でも」
「だって」
「どうせ」では
心が荒れていく。
意識して減らして
心を守ろう
自分と相手の
心を守ろう。

4　ほめることは心を守るフィルターを持つこと

ほめることには多くの効果、効用がありますが、私は大きな「使命」も感じています。それは、日本の心の内戦を終わらせることです。

日本はこんな平和に見えても、実は心の内戦状態だと私は考えています。本物の銃弾は飛んできませんが、悪いニュースやひどい言葉という銃弾がそこら中に飛び交っています。テレビや新聞、インターネットで流れるニュースだけを見ても、多くは殺伐《さつばつ》としており、心をマイナスにします。いじめによって自殺に追い込まれる子どもや退職に追いやられるおとな、考えるだけで気持ちが真っ暗になる景気や政治の現状、深刻な失業……。

こうした目に見えない銃弾を浴び続けていると、心がどんどん乾いてゆき、突然ポキンと折れてしまっても不思議ではありません。

かつて交通戦争という言葉があり、ピーク時の1975年には1万6765人もが交通事故死しました。それは大幅に減りましたが、自殺する人は逆に増え続け、1998年からは、なんと毎年3万人を上回る状態が続きました。2012年には15年ぶりに3万人は下回ったものの、それでも2万7766人にのぼるのです。

交通戦争のピーク時の倍近い人たちが、心の内戦によって命を落としていると言えます。この状態は、経済が上向いたり、明るいニュースが続いたりすることで一時的に多少よくなることもあります。しかし、右肩上がりに改善され、やがて解消するとは、とても考えられません。

私たちは、自分で自分の心を守らなければならないのです。

ほめることとは、心の最大の防御法になります。「君は逆境で力を発揮するタイプだよ」「私はあなたを高く評価しています」などとほめられた言葉は、いったんは忘れたり、メモをしまい込んだりしても、いつかふっと思い出されて、心が救われるのです。

私たちは、ほめることで「心のシートベルト」や「心のエアバッグ」を持つことができます。また、ほめ達は心の予防接種の役割を果たしているのです。

5 数字が人をとがらせる

ほめることで心のフィルターや心のシートベルトを持つことの大切さを、私は経営者として何度も実感しています。

経営者というのは孤独な存在です。恐怖のパラボラアンテナが全開になっていて、悪い情報や数字が集まってくるのです。

「ほめる」の反対語は、実は「けなす」ではなく「悪い数字を見る」ことだと思います。数字は、成績や売上、状況の悪化を人間的要素なしで突きつけてきます。心とか思いやり、過程の大切さなどが入り込む余地はありません。

そして経営者は、最も数字にさらされる立場なのです。

心は血を流し続け、不安のあまり、人を信じられなくなっていきます。本当は周囲には社員やスタッフというダイヤの原石がいっぱいあり、一生懸命にがんばってくれているのに、数字のプレッシャーに押しつぶされて見えなくなってしまいます。心の視野が狭くなり、出口のない暗闇《くらやみ》に置かれているように感じてしまうのです。

私自身、何年か前までは眠れない経営者でした。

数字を見ていると、資金問題から人間関係まで、解決すべきさまざまな課題がどんどん押し寄せてきて、気持ちがネガティブになっていました。「経営者は恐怖クラブのプラチナ会員みたいなものだ」「恐怖のマイレージがダブルでたまっていく」と、毎日実感していたものです。

さらに、恐怖のパラボラアンテナには、一般の人にはキャッチされない電波も受信され、不安な映像や音に変換されるのです。

そんな状態ですから、夜も眠れなくなってしまいます。酒や薬の力を借りて、「眠る」というよりは「意識を失う」ようにしてベッドに倒れ込む時期が私にもありました。

そんな状態の経営者は少なくないと思いますが、その下で働く社員やスタッフもまた、たまったものではないでしょう。

6 ほめ達は価値を発見する

私は、心の内戦状態にある時代を積極的に生き抜くために、ほめることを始めました。

ほめることとは、次の3つをすることです。

①目の前の「人」の価値を発見して伝える

②目の前の「モノ」の価値を発見して伝える

③目の前の「出来事」の価値を発見して伝える

こうすることによって、人は変われるのです。人を変えることもできるのです。

そう気づいて以来、私は寝る時に常にプラスのイメージを持ち、感謝することにしました。「今日は、こんないいことがあった。明日は、きっとこんないいことがあるだろう」と考えるのです。どんな事実からも、逃げるのではなく、どんな事実にも価値を見つけ、その価値に感謝をするのです。

そして、課題や問題に対して「これはなんのチャンスだろう」と期待をするのです。

そうするようになってから、それ以前の不眠が嘘《うそ》のようになくなり、ぐっすり眠れるようになりました。

大切なのは、「自分は、ほめ達として生きていこう」と覚悟を決めることです。

日々、生活をしていればネガティブなことは当然、頭に浮かびます。リスクにも直面します。しかし、「ほめ達、つまりマイナスではなくプラスの価値を探す人になろう」と覚悟を決めることで、芯《しん》の通った生き方ができるようになりました。

まわりが不安になり、暗くなればなるほど、ほめ達が求められます。ほめ達がいると、誰もが安心し、安全な気持ちになります。ほめ達のフィルターを使って「いいね」「ありがとう」と発信をしていくことで、いい雰囲気が生まれ、雰囲気にふれた人に行動する勇気やアイデアが湧いてきます。

たくさんの人がほめ達になることによって、心の内戦状態をしっかりと生き抜き、やがては内戦状態を終わらせることができると心から信じています。

7 必ず見つかる3つの価値

「ほめ達」のほめ方は、言うまでもなく、おだてたり、耳ざわりのよい言葉を口にすることではありません。

それでは計算づくの行為と思われ、かえって警戒されてしまいます。

「ほめ達」のほめ方の1つ目の「人の価値を発見して伝える」ことは、一般の「ほめる」イメージに最も近いでしょう。

ただ、「ほめ達」は、単に人の長所を見つけて伝えるだけでなく、世間的には短所と見られているところに本質的な価値を見つけて伝えます。

たとえば、「口が悪くてつき合いにくい」「人を平気で傷つける皮肉屋」と非難されている人が、実際には心やさしく感受性が豊かなあまり、あえてイヤな人を自己演出しているということもあります。そのような本質に気づき、その人のよさを引き出してあげるのが「ほめ達」のほめ方です。

２つ目の「モノの価値を発見して伝える」ことは、ビジネスで使える能力です。たとえば、「この商品、サービスをこう活用したら、これだけの時間や費用が節約できる。それを家族との時間や学び、投資に使ったら、自分自身や家族の5年後、10年後に大きなリターンとなって返ってくる」というように伝えれば、お客さまは商品やサービスを何倍にも活用できるようになります。

３つ目の「出来事の価値を発見して伝える」ことは、ピンチに強くなる方法です。普通の人なら途方に暮れるような困った事態でさえ、「確かにピンチだけれど、この段階で改善策をほどこすことができれば、問題は二度と起きなくなる。そうすればもっと強くなることができる」と発想するからです。ピンチを成長や発展へのチャンスととらえる見方が身につきます。

私たちは、人を変えることはできません。しかし、人に影響を与えることはできるのです。それが人間力であり、人間力は「ほめ達」になることで身につけることができます。

8

魅力的なリーダーは脳が「ほめ脳」

価値を発見して伝える能力は、あらゆるリーダー、人を育てる人にも必要な力です。誰もが自分自身を導くリーダーであると考えると、すべての人に必要な能力と言えます。

さらに、価値を発見することを続けていくと、脳が「ほめ脳」に変わり、いいことがたくさん起きるようになってきます。「ほめ達」を実践した人たちは、こんな体験を口にしています。

「部下に『ありがとう』を意識して言うように心がけ始めてから、頼んだ仕事以外に部下が『これもやっておきました』と前向きな業務遂行をしてくれるようになった」

「仕事でぶつかることが多かった人に『いいね！　カード』を渡すようになってから、たとえ意見が違う時でも気軽に意見を交わすことができるようになった」

「これまで誰かをほめようと考えることはなかったが、ほめ方を考えるようになった。人のよいところを探そうとすると、なんとなく幸せな気分になれた」

「妻の料理をほめるようになったら、今まで見たことがないようなものをがんばってつくるようになった」

「ほめ脳」になると、仕事では先手を打てるようになり、今まで湧かなかったアイデアが湧くようになってきます。人とのかかわりにおいては、プラスの引き寄せが強くなり、いわば「引き立てられ力」が格段に上がってきます。「こんな人と会いたいな」「こういう相手とお取引したいな」という願望が不思議なぐらい叶《かな》うようになり、チャンスが向こうからやってくるようになります。

普通の人が気づかないような価値を発見できる人、普通は「欠点」「ピンチだ」と見えるものの中にも価値を見出せる人は、自然と物事を前向きにとらえられるようになり、人間力も上がってきます。魅力的な人のまわりには、たくさんの人が集まってきます。たくさんの人は、たくさんのチャンスを連れてきてくれるのです。

5章

「笑顔にする」魔法が身につく

――無意識を意識化する

相手を元気にすることは、
自分を元気にすることだ。
元気からは知恵が湧いてくる。
相手から知恵を受け取って、
自分から感謝を手渡せば、
解決できないことはない。

1 普通のことをなにげなくやらない

「元気をもらう」という言葉に違和感を覚える人がいるようです。元気は自分の中から湧き出るものであり、もらったり、あげたりするものではないと言うのです。

でも、ダンクが経営する鳥貴族の各店に行くと、元気はもらえるものだということが、実感としてわかります。

以前は「ゆっくりな店」だった、ある店もそうです（「ほめ達」は、「ひまな店」とネガティブに言わず、「ゆっくりな店」と可能性をこめて言います）。

今は大繁盛店になっていますが、私がおつき合いを始めた頃は来客も少なく、売上も上がっていないお店がありました。

そこで私は「全力の接客」を提案しました。お客さまに見える形で、元気を伝える活気を演出しようと考えたのです。

たとえば、注文の品が焼きあがった時には、焼き台のスタッフが元気にかけ声をかけ、ホールスタッフがそれに元気な返事をします。

あるいは、エレベータでお客さまが上がってきた時には、扉が開くと同時に、入口近くのスタッフが「いらっしゃいませ」と元気な声でお出迎えをします。その声を聞いたスタッフ全員も続いて「いらっしゃいませ」と声を合わせます。

ここまでなら競合店もやっているかもしれません。

その店は、さらに工夫をしました。

鳥貴族は各店とも、ビルの1階ではなく、安い家賃で借りられる2階以上のフロアにあります。ハンデと言えばハンデです。ましてこの店は4階に入っていましたから、お客さまはエレベータに乗って上がる必要がありました。

でも、「ほめ達」のモットーの1つは、何にでも新しい切り口を見つけ、その切り口をお客さまに見せられるようにすることです。たとえハンデであっても、そこに新しい切り口を見つければ、プラスに逆転できるのです。

そこから生まれたのが、「全力のお見送り」でした。

エレベータの扉が閉まる瞬間にスタッフ全員が「ありがとうございました」と送り出したあと、エレベータが3階から2階にさしかかる頃を見計らって、再度「ありがとうございました」と言うのです。もう見えなくなったお客さまに、感謝の気持ちを声に出して伝えるのです。

お客さまからすれば、「ありがとうございました」の声が追いかけてくることになります。「うわ、すごいなこの店。元気いいよね」と元気をもらって帰ります。

松下電器産業（今のパナソニック）創業者の松下幸之助さんは、お客さまがお帰りになる際、会社の玄関まで見送りに出て、相手の車や姿が見えなくなるまで頭を下げていたことで知られています。

経営の神様である幸之助さんと比べるわけではありませんが、鳥貴族のスタッフも、お客さまの姿が見えなくなるまで「ありがとうございました」と声を出しています。これを「パフォーマンスだ」と冷たく言う人もいるでしょう。でも、全力の接客を、お客さまに見える形でやろうとすると、自然と元気な声やお辞儀になるのではないでしょうか。

2 「ありがとう」のとどめを刺そう

私自身、この店の、追いかけてくる「ありがとうございました」を、エレベータの中で何度も聞いています。

こんな経験もしました。

エレベータにはお客さま以外の人も乗っています。ある時、たまたま乗り合わせた若い2人の女性が、こうささやき合っていました。「ね、ここはすごく元気いいでしょ」「本当」「鳥貴族なんだけど、私、次にアルバイトする時はここにしよう」と。

そのビルの上の階でアルバイトをしている女性のようでした。

鳥貴族のスタッフは、不特定多数の人を元気にしようと考えて声を出しているわけではありません。自分たちの店にわざわざ来てくださったお客さまに全力の接客をしたいと願っているだけです。

今、この日のこの時に来ていただいた、ありがたいお客さまに全力の接客をしたい、そして、1組1組のお客さまに「来てよかった」という満足を感じてもらいたい、という願いが、大きな声の「いらっしゃいませ」「ありがとうございました」になったのであり、それをさらに追求したところに、追いかけてくる「ありがとうございました」が生まれただけなのです。

ところが、その声はお客さまを元気にするのはもちろん、上の階で働いている人たちまで元気にしていたのです。恐らく、エレベータに乗り合わせた他店のお客さまも元気づけていることでしょう。

「この店、元気いいなあ、次はここで働こう」「すごい店だなあ、次はここに飲みに行くかな」と考える人も多いでしょう。

お店のファンは、実はこうやってつくられていくのです。

3 「笑顔にする」のがほめ達のモットー

笑顔は「なるもの」ではなく、「するもの」。これが「ほめ達」のモットーです。つまり、「笑顔はするもの」です。どこまで笑顔をするのかというと、目の前の人が笑顔になるまでです。

あるセルフサービスのガソリンスタンドの女性アルバイトQさんも、いつも全力で笑顔をする1人でした。

ある日、セルフサービスを利用していたお客さまから「窓ふきタオルある?」と声をかけられました。「こちらにございます」と笑顔で対応し、「フルサービスならふいてくれるのにね」「はい。セルフサービスの店が増えましたた」などと世間話を交わしていると、突然「あなたの夢は何?」と聞かれました。「女性の服を扱うショップ店員です」と答えると、お客さまは、「夢があるのはいいことだ。叶えばいいね」と励ましてくれました。

夢を励まされてうれしくなったQさんは、その気持ちを全力の笑顔で表現して「ありがとうございます」とお礼を言いました。

すると、お客さまも笑顔になって、「その笑顔、今まで見てきた笑顔の中で一番だな」と言い、「ここで給油してよかったよ。これからもがんばってね」と帰っていきました。

お客さまは常連ではなく、会話もたわいもないものでした。それでも、笑顔を通して心の交流ができたことは、Qさんにとって大きな収穫でした。

フルサービスの店と違い、セルフサービスの店では、店員とお客さまがふれ合う機会はほとんどありません。自分でガソリンを入れ、機械にお金を払い、黙って帰っていくだけです。

そんな中でも、Qさんは全力の笑顔を忘れませんでした。お客さまはうれしくなり、ちょっとご機嫌な気持ちになり、きっと、「また来よう」と思ったに違いありません。

鳥貴族各店のスタッフたちも同様です。

店内だけでなく、店の外でも全力の笑顔を忘れません。

街に出て「鳥貴族を知っていますか」というチラシを配りながら、「来ていただいたら、私の最高の笑顔がついていますす」というひと言をつけ加えるのです。

鳥貴族の最大のセールスポイントの1つが280円均一です。そうである以上、割引クーポンをつけるわけにはいきません。つけられるのは、「全力の接客」「全力の笑顔」「全力のありがとうございます」というサービスなのです。

「『何がなんでも』には初段から十段まである」とは、ある創業者の言葉です。多くの人が「何がなんでもやり遂げる」と言いますが、すぐに挫折《ざせつ》する人、8割くらい実現して満足する人、他人を巻き込んで大きく叶える人など、さまざまな段階があるというわけです。同様に、笑顔にも初段から十段まであるのではないでしょうか。

お客さまには、いつも「全力の笑顔」「十段の笑顔」で接することです。そんな笑顔に出会えたなら、誰でも「来てよかった」と幸せになれますし、リピーターにもなってくれるはずです。

笑顔は無料。だからこそ、お金では計れない値打ちがあるのです。無意識の意識化で全力の笑顔をしてみませんか。

4 真似が独創の始まり

アクセサリーショップを全国に70店舗以上も展開する会社の社長と、こんな会話をしたことがあります。

「うちは現場で働くスタッフを、ＫＤＳって呼んでます」

「ＫＤＳって何ですか？」

「輝く・ダイヤモンド・スタッフです」

「かっこいい。それＴＴＰさせてもらっていいですか」

「これ、西村さんの『すべての人はダイヤの原石』からのＯＫＰです」

なんのことかわからない人もいると思います。ＴＴＰは「徹・底的に・パクる」の略です。「いいなあ」と思ったら、「いただきっ」と真似《まね》ることです。この変化形がＴＫＰ（ちょっと・変えて・パクる）と、ＯＫＰ、つまり「思いっきり・変えて・パクる」です。

何かを生み出すというと、とかくゼロからの創造を連想しがちですが、実際にはそうではありません。今あるアイデアや自分の経験を結びつけ、知恵と工夫を加えることで、たいていのことは生み出せます。

きわめて独創的な製品を次々と世界的にヒットさせたスティーブ・ジョブズでさえ「創造性とは何かを結びつけることにすぎない」と言っているほどです。

大切なのは「いいなあ」と感じる力、「いいなあ」と感じたら真似てみる実行力、自分が使いやすいように知恵や工夫を加えていく加工力です。

この社長との会話自体はたわいないものですが、私の「すべての人はダイヤの原石」という言葉をＯＫＰし、自社のスタッフを「輝くダイヤモンドスタッフ」と呼ぶことにした発想は本当に素敵だと思います。

この会社では、会社のセールスポイントも「輝くダイヤモンドスタッフ」で一貫しています。スタッフ１人１人が笑顔を絶やさない接客を心がける。そうすればお客さまも自然と笑顔になるし、買い物も絶対に楽しいものになっていくというわけです。

5 笑顔はいいことを引き寄せる

そのアクセサリーショップで店長を務める2人に話を聞いたことがあります。

その1人のR店長は、「理想のお店は、スタッフが全員笑顔でいて、それがお客さまにも伝染するお店です」と言い、S店長は「笑顔がお客さまにうつって、笑顔のままで買い物をしてもらいたい」と言っていました。

口を揃《そろ》えて「笑顔は伝染する」と言っているところが実に素敵だと思います。

誰でも、時にはネガティブになることがあります。店長といえども例外ではありません。ましてや「売上を上げる」責任者という立場では、悩みも多いはずです。

だからこそ、R店長はこう考えています。「体調が悪いと思うからこそ、スタッフの前でテンションを上げます。笑顔を出そうと努力しています。私が笑顔をなくしてしまうと、スタッフ全体の笑顔もなくなってしまうと思います。お客さまにいい印象を与えないと思うので、本当に気をつけています」と。

笑顔が伝染するように、マイナスの気分も伝染します。店長がマイナスの気分に陥ってしまうと、スタッフも、店全体も、そしてお客さまも、楽しくなくなってしまいます。しんどいからこそテンションを上げたいというのがR店長の考え方です。

S店長も「笑顔でいるといいことがある」と信じています。「仕事の時もプライベートの時もいつも笑顔の先輩がいたのですが、いつも楽しそうて、友だちも多い人でした。私も先輩に影響されました。笑顔でいることでいいことがあるのだと思いました。笑顔だと伝わるものも違うと感じ、自分自身に自信が持てました。笑顔でいるほうが、自分のモチベーションが高くなります」と言っています。

S店長はお客さまへのちょっとした挨拶でも、お声がけでも笑顔で行うと言います。お客さまの笑顔を望むなら、まずはスタッフみんなが笑顔になれる雰囲気をつくる、そのためには店長が笑顔でいなければならないし、社長も笑顔を絶やさない人でなければならないのです。

6 「ありがとう」をカウントするコンビニ

京阪電気鉄道と南海電気鉄道に展開している駅コンビニエンスストア「アンスリー（an3）」の多くの店舗を経営する南海フードシステム（本社大阪市）も、お客さまの「ありがとう」をもらうことに力を入れています。

コンビニエンスストアは、何十秒かの短い間に品物を選び、買い、出ていく場所です。ましてやアンスリーは駅中、駅近の出店ですから、お客さまは何秒かでも待たされるとイライラを顔に出しますし、中には買い物をやめて出ていく人もいます。

ですから、アンスリーのスタッフたちも、かつては「いかにお待たせしないか」「どうクレームの出ないようにするか」に懸命でした。「笑顔をいただく接客」とか「プラスアルファのお声がけ」とかをしている暇があれば、とにかく速く正確にレジ打ちや品出しをすることが優先されます。

しかし、それでは売上は上がるかもしれませんが、感謝や感動がなくなります。そうなると、スタッフは忙しさに追われるだけになって、心が乾いてきます。やりがいや誇りを感じるのは難しくなってきます。

私が研修を依頼されたのも、社員やアルバイトが感じているプレッシャーや、普通でない忙しさを誇りに変え、やりがいを持って働けるようにしてほしいという要望からだったのです。

研修に先立ち、私はアンスリーの業績を見てみました。

素晴らしい業績でした。営業時間は電車の始発前から終電すぎまでで、24時間営業が多い大手コンビニエンスストアよりも短いのです。それにもかかわらず、1日当たりの売上は大手の1・5倍を記録しています。短い営業時間でこれだけの売上を達成していることに、本来は誇りを持てるはずです。

また、私は、スタッフの仕事ぶりを調査するとともに、お客さまの声も聞きました。すると、うれしい声が山のように集まってきました。

「商品を補充中のスタッフの横を通ると、わざわざ立ち上がって挨拶してくれた」「出勤途中のスタッフが、店の陳列の乱れを直していた」「照明の感じがよく、ＰＯＰも適度にあってとてもいい」「商品がきれいに並んでいて、探している商品がどこにあるかすぐにわかる」「混んでいて、ほかのお客が並んでいたが、素早くテキパキとした対応ですぐに混雑が解消された」……などなどです。

これだけの声が集まるのは、すでに、すごい仕事をしている証拠です。

私は、研修の最初に、スタッフがやっている仕事のすごさ、素晴らしさを伝えました。確かに笑顔やお声がけは少ないのですが、早さと正確さは本当に抜群だったのです。「みなさんはすごい仕事をしていますよ」と自分たちの価値を確認するところから始めて、少しずつ「こんなお店にしたい」「そのためにはまだできることがたくさんある」と目ざす方向を確認していきました。

目ざしたのは、たくさんの「ありがとう」と笑顔をもらうことです。

でも、超多忙な駅コンビニで、具体的に可能なことがあるのでしょうか。

あるのです。研修の中で、さまざまなアイデアが出るようになりました。

「名前がわかるお客さまには、名前を添えて対応する」「いつも決まった銘柄の煙草を買うお客さまには、注文前にその煙草を用意する」「扱っていない商品も可能な限り扱えるようにするが、どうしても無理なら、どこに行けば買えるのかをお伝えする」など、たくさんの提案が出てきました。

さらに、「コンビニ界のイチローを目ざそう」という声まで上がりました。

コンビニエンスストアでは、「いらっしゃいませ」から「ありがとうございました」に至るまで、一般的に、お客さまとの接触機会が6回あると言われています。その中で、どれだけ「アイコンタクトをとる」「笑顔をする」というヒットが打てるかを考え、米国大リーグで活躍するイチロー選手並みの「打率」に上げようというのです。

その多くが実行され、店は確実に変わっていきました。

「すごいね」
「さすが」
「素晴らしい」
とりあえず
そう言ってみる。
理由はあとで
考える。

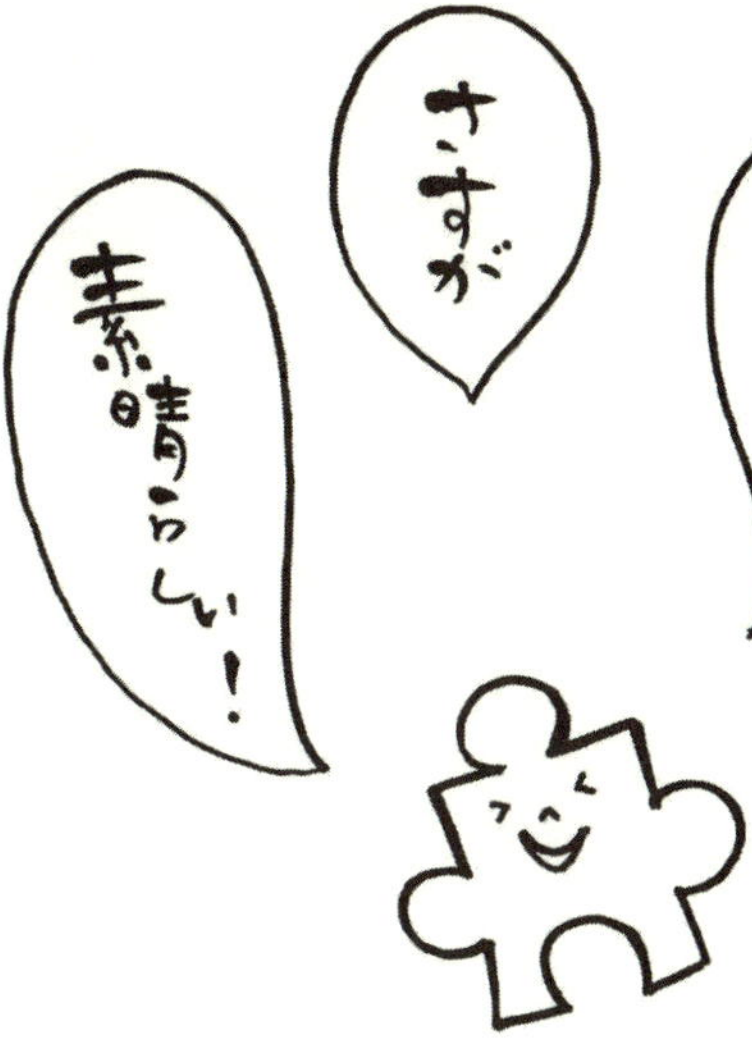

7 態度を先に決めてから人と会う

一面識もない人と話をしたり、アポイントを取ったりしなければならない時が、私たちの仕事や日常生活でも結構あるものです。

その時に大切なことは、「イヤな顔をされたらどうしよう」などと腰が引けた気持ちにならないことです。

「態度を決めてかかる」ことがポイントになります。

声をかける前から「この人を私は絶対に好きになる」「この人は私を絶対に好きになってくれる」と決めつけてからスタートをするのです。それだけで、声をかける勇気も出るし、相手をほめることも簡単にできるようになります。

まず態度を決めて声をかける、相手をほめる、ほめたことをハガキで再確認する、そんな積み重ねがアポイント、そして契約へとつながっていくのです。

態度を決める大切さについて、宅急便を開発したヤマト運輸の小倉昌男さんが、「部下の提案には『イエス』から入ることだ」と言っていました。

部下が「提案があるのですが」と言ってきた時、「どうせたいしたことないだろう」「聞くだけ時間のムダ」などと思っていては、本気で検討することはできません。すぐに「ノー」と言ってしまい、それで終わりになります。

しかし、「とりあえず『イエス』と言おう」と決めていれば、真剣に聞く姿勢になりますし、部下も本気で話すはずです。そこから、提案の意外な価値が見つかるかもしれません。なにより、「話を真剣に聞いてくれる上司」という信頼が部下に育ちます。

もしまったく箸《はし》にも棒にもかからない提案なら、「イエス」のあとに「バット」をつけて理由を説明したり、「惜しいなあ」「そうくるか」で応じればいいのです。

対人関係に悩むなら、まずは態度を決めてかかることです。

そうすることで人は思い悩むことなく、自信を持って人と会い、話すことができるようになるのです。

8 同点なら「根拠のない自信」がある人の勝ち

「肉食系男子」「草食系男子」という言い方がありますが、最近では「絶食系男子」まで出現したそうです。女性に対する関心が薄く、女性とつき合いたいと最初から考えもしない男子をさすようです。

そこまで拒否的になる理由の1つが「告白して断られたらイヤだ」といった不安にあると言います。

ある企業が高校生を含む若い男性に「気になる女性がいたとして、告白しますか」というアンケートを取ったところ、なんと80％が「ノー」と答えています。「断られたらイヤだから」「相手が自分のことをどう思っているかわからない」といった理由からです。

その数字を見たあるタレントが、「相手が自分のことをどう思っているかわかっていたら、告白する必要はないだろう。わからないからこそ勇気を出して告白するんだろう」と言っていましたが、その通りだと思います。

仕事でも出会いでも、人生のあらゆる出来事は、最初から成功が約束されているものはありません。失敗が約束されているものもありません。やってみないとわからないのです。

これからどんな素敵な人に出会えるかわからないのに、いきなり「絶食」を決め込むとは、あまりにももったいない話です。「絶食系男子」は、できるならマスコミがつくった架空の存在であってほしいものです。

私は仕事柄、毎日たくさんの人に会い、話をします。相手は私のことをよく知る人とは限りません。時には完全アウェイ状態が起こります。

もちろん、そんな時でも「絶食系」になることはありません。なぜなら、私はあらかじめ「態度を決めてかかる」人だからです。

たいていの人は、会う前にあれこれ想像をめぐらし、会ってから好きになるかどうかを決めると思いますが、私は会う前から「この人を私は絶対に好きになる」「この人は私を絶対に好きになってくれる」と決めつけます。

講演に臨む時も、「今日は僕の大好きな人ばっかり集まっている」「話が終わったらみんな僕のファンになってくれる」と思い込みます。

これは、「自信」ではありません。自信があろうとなかろうと、「態度を決めておく」ということです。

「嫌われたらどうしよう」「気に食わない人だったらどうしよう」などと考えずに、「絶対に好きになる」「絶対に好きになってくれる」と態度を決めてから会うことです。それだけで初顔合わせの雰囲気はずいぶんと前向きなものに変わります。

「好きになってくれる」「ファンになってくれる」と勝手に決めつけて話をすると、決めつけた態度が相手にも伝わり、最後は決めた通りになっていくケースがほとんどです。

6章

成長のビッグバンに立ち会おう

——ほめるとほめていないところまで伸びる

行動を
変えるのが
いい質問。
「知ってるか？」でなく
「できてるか？」

1 ほめ達誕生の秘話

人の成長スピードはさまざまです。最初から力を発揮するタイプもいれば、時間のかかるタイプもいます。そんな対照的な2人がいると、つい比較して、前者を「できる人」と決めつけがちです。でも、それでいいのでしょうか。

鳥貴族のある店の女性アルバイトTさんは、人を比べてはいけないことと、人の成長のすごさを私に教えてくれた1人です。

Tさんは、働き始めた当初は、仕事はていねいだけれども覚えが悪く、「手の遅い子」でした。当然、周囲の人間は「性格はいいけど、仕事はちょっと」「忙しい時には足を引っ張るので要注意だ」とレッテルを貼っていました。

ところが、私の会社シーズが覆面調査をしてみると、客観的な評価は違いました。「笑顔でがんばっている女性スタッフが印象に残った」「お客さまが見ていないところで、一生懸命テーブルをふいていたスタッフがいて、好感を持てた」という報告が次々と上がってきたのです。

そして、そのスタッフこそTさんでした。

彼女はその報告が発表されると、ことのほか喜びました。そして、出退勤の時などに、報告書を穴が開くほど見ては、自分の力にするようになりました。Tさんのがんばりやていねいさは加速され、それに気づいた店長は、こう彼女を励ましました。

「君はこの店で誰よりもていねいな仕事ができる。だから、『店で一番ていねいできちんとした仕事をするスタッフ』を目ざしたらどうだ」

そして、こうつけ加えました。

「君のていねいさを、この店の基準にしたいんだ。がんばって」

彼女はそこから変身しました。3か月もすると仕事のスピードがぐんぐん上がってきたのです。もともと仕事はていねいですから、スピードが加わると優秀さが際立ちます。しかも、最初は「手の遅い子」「足を引っ張る」と評価されて苦労や失敗を経験しているので、人に教えるのが上手です。お客さまやスタッフへの気配りもこまやかでした。

やがて、彼女のもとにお客さまからの感謝の言葉が届くようになりました。たとえば、3日続けて来店しているお客さまは、「仕事で大阪に出張に来ていて、今日が最終日なんです。いつもここで元気をもらっていました。出張の最後の日にTさんに会えてよかった。また大阪に来たらきっと寄りますね」と書いてくれました。

Tさんのほうも、「前のバイトの時は、行くのがイヤだったけど、今はバイトに来られない日が寂しくて仕方がない」と思うようになりました。

ちょうどその頃、ダンクではスタッフを思い切り輝かせる表彰式を企画していました。覆面調査はその方法探しという目的もあったのです。

そして「ホスピタ総会」がスタートし、第1回最優秀MHS賞に選ばれたのがTさんでした。ほんの何か月か前まではマイナスのレッテルを貼られていた人間が、約150人ものスタッフの中で最優秀に選ばれたのです。

それだけではありません。覆面調査の評価が低かったTさんの店も売上をぐんぐん伸ばすようになり、対前年比161％という驚異的な伸びも実現したのです。

2 レッテルを貼りっ放しにしない

鳥貴族のTさんのがんばりと成長を見て、私は改めて「人は、ほめて認めてアドバイスして、信じてあげると、すごく成長するんだ」と確信しました。そして、1人が伸びれば店全体も伸びていくという成長の好循環も再認識しました。

大切なのは、レッテルを貼りっ放しにしないことです。

Tさんが「手の遅い子」だったのは、ていねいに仕事をしていたからだったのです。もし、誰もそのていねいさに気づかなかったら、彼女は店を辞めたかもしれません。別のバイト先で「行くのがイヤ」な仕事を続けるしかなかったかもしれません。

しかし、覆面調査の報告書をきっかけに、店長が彼女を励まし、さらにお客さまの声もあと押しして、彼女はみごとに変身したのでした。

変身をうながすために、私は2つのことをすすめています。

1つは、「知ってる?」ではなく「できてる?」と質問することです。

大切なのは行動を変えることです。知識を問うことではありません。やっているか、やっていないかを聞くようにすると、成長はどんどん進みます。知っているかどうかを聞き続けるのは、レッテルの上貼りになってしまいます。

もう1つは、「でも」「だって」「どうせ」という「3D言葉」を減らすことです。

Tさんの例でもわかるように、欠点のすぐ横に長所が隠れているものなのです。その長所を発見するのが「ほめ達」です。「でも、ダメでしょ」「だって、この仕事は」「どうせ君は」という言い方は、欠点を拡大し、長所の発見を遅らせるのです。

ちなみにダンクの表彰は、誰かと比べてナンバーワンを決めるわけではありません。伸びしろがナンバーワンの人や、一番ダンクらしくがんばり続けた人が選ばれます。

Tさんも、わずか数か月で大きく成長したからこそ、栄《は》えある第1回目の最優秀MHS賞に選ばれたのです。

3
「成長痛」を楽しむ

私は「勇気塾」という講座を、定期的に開催しています。いろいろな業種の店長に集まっていただいて、成長のための勇気を持ってもらう会です。「成長のために、失敗を恐れない勇気」「成長のための、変化を恐れない勇気」「成長のために、すべてを受け入れる勇気」を持つことがモットーです。

その中に面白いワークがあります。

店長に、入社してから、あるいは店長になってからの自分の成長をグラフに書いてもらうのです。その時、店の経営者にも、店長の成長グラフを書いてもらいます。

2つのグラフが一致することはほとんどありません。

同じ1人の人間の成長をグラフ化して、なぜ、違うグラフになってしまうのでしょうか。

それは、店長が自分で書くグラフは、実は「成長のグラフ」ではなく、主観的な「モチベーションのグラフ」になっているからです。

それに対し、経営者が書くのは、客観的な「成長のグラフ」です。

大きな壁や問題にぶつかって悩むと、自分自身は「ああ、モチベーションが下がっているなあ」と感じ、そこでグラフは下向きになります。でも、経営者からすると、「店長は、大きな壁や問題を乗り越えようとがんばっているなあ」と客観的に見ることができ、そこでグラフは上向きになるのです。

つまり、成長とは、モチベーションが下がる時に実現されるものなのです。

モチベーションが上がっている時に成長するのであれば、叱っても伸びるでしょう。黙っていても伸びるでしょう。

しかし、成長はモチベーションが下がって、「もういいや」「辞めたい」となりかけている微妙な時期に行われるのですから、「ダメじゃないか」「もっとできるはずだ」などと叱るのは危険です。たとえば「この大変な時期を、よくがんばってるな。ここを乗り越えるとうんと成長するぞ」というように声をかけるほうがいいと思います。

たった1つのそんな言葉があるかないかで、せっかく伸びつつある人材の将来が決まってしまうことがよくあるのです。

自分の成長は、それくらい自分ではわかりません。あとになって「ああ、あの時に成長したな」とわかるだけで、成長のただ中、つまり壁や問題に直面している時には、気持ちの余裕を失っています。周囲の人間は、黙って見守るのではなく、「成長しているぞ」「今が成長のチャンスだ」と伝えることがとても大切なのです。

リーダーはとかく、足踏みしている人に対して、叱責をしてしまいがちです。そんな時ほど、これまでやってきたことを認める、苦境に立ち向かっていることをほめる、今が成長のチャンスであることを伝える、ことを心がけましょう。

その「認める」「ほめる」「伝える」ことが成長へつながっていくのです。

4 光がなければダイヤも石ころ

ダンクの「ホスピタ総会」は半年に1回行われ、そこでスタッフたちは心の底から喜びを爆発させます。はた目にはおかしいほど熱くなり、涙を流します。

なぜなら、彼らは総会の1日を除く179日間は、黙々と働き続けているからです。ただ働くだけではなく、常に現状に満足せず、「お客さまの感謝と感動のためにまだまだできることがある」と言われ、考え、工夫し、実行し続けてます。

いわば、彼らは日々、富士山登山をしているようなものです。

富士山は、遠くから見ると美しい山ですが、いざ登ってみると、石ころだらけです。そこを、足もとの石ころだけを見ながら黙々と登っていきます。そうやってがんばって登った結果、たとえば山頂からの朝日を見て「自分はここまで登ってきたんだ」と初めて実感するのです。感激し、感涙にむせんだとしても自然です。

毎日の仕事は地道なことのくり返しです。「もっと何かできないか」「もっとやれるよ」と努力を続ける毎日で、「つらいなあ」と感じることは多くても、「楽しくてしかたない」とはしゃげることはそうありません。

もし、そのままずっと店長が「もっと」と言い続けたらどうなるでしょうか。たいていの人はイヤになって辞めてしまうはずです。そうならないのは、半年に1回、自分の成長や店の成長を確認できる場があるからです。

人は日常生活の中で自分の成長を実感することはできません。成長する時はモチベーションが下がっているのですから、むしろつらいだけです。

だからこそ、「君はここまで成長したよ」「がんばって、よくここまで来たね」と認める言葉やイベント、節目《ふしめ》が必要なのです。

ホスピタ総会で表彰されるのが、人と比べてナンバーワンの人ではなく、成長がナンバーワンの人である理由が、ここにあります。

5 できることの中に「もっとできること」が隠れている

ゴルフをする人ならわかると思いますが、ティーショットの打ち出し角度がほんの1度か2度違うだけで、何百ヤードか先に落ちる場所は、とんでもなく違ってきます。

人間にも同じことが言えます。考え方をほんの少し上向きにするだけで、人生の到達点は驚くほど違ってきます。私はこれを「人生の角度を変える」と言っています。

問題は、どうすれば考え方の角度を上向きにできるかです。

駅コンビニエンスストア「アンスリー」の研修を始めた時、スタッフが仕事に誇りを持てずにいたことは先述した通りです。

同業他社を上回る売上を上げているのに、恥ずかしささえ感じていました。お客さまの評価は上々でしたが、「接客というより、お客さまをさばくという感覚でした」と卑下《ひげ》していました。忙しい店内で踊るように商品補給ができ、お客さまが通る時にはぱっと立ち上がれるような意識の高いスタッフが集まっていても、士気は上がらなかったのです。

確かに、当時のアンスリーは「あれをしてくれ、これもしてくれ」という指示型であり、「なぜできないんだ?」と欠点を指摘する減点方式でした。それでは自分たちのやっていることの素晴らしさを確認できず、体も心も疲弊するのが当然です。

私が研修で最初に行ったのは、店長やスタッフのやっていることの素晴らしさを確認することでした。つまり「人生の角度を変える」ことでした。

研修を受けて、彼らは「自分たちはこんなにがんばっていたんだ」と思えるようになりました。これまで当たり前と思っていたことが、客観的にはすごいことだったと確認できたのです。そこから、「すごいこと」を「もっとすごいこと」にしていくためには何ができるかを考えられるようになっていきます。あとは結果が出るまで実行するのみでした。

自信を失っているなら、自分がやっていることを、もう一度客観的に見てみることです。実は「すごい価値」があるかもしれません。

そこから「もっとできること」を探してみると、人生の角度は確実に上がっていきます。

人は叱られると、
叱られたところだけ
直す。
ほめられると、
ほめられてない
ところまで
もっとよく
しようとする。

6 ほめるとほめていないところまで伸びる

「ほめ達」になる前の私は、どちらかと言うと「ダメ出し」の達人でした。

覆面調査を行って、相手のダメなところを徹底的に突きつけました。もちろん、悪意からではありません。まったくの善意です。ダメなところを指摘してあげることが親切であり、相手が伸びる力になると信じていました。ですから、ごていねいに「何時何分、○○さんがこんな対応をしていた」と、すべて証拠つきでダメ出しをしていました。

その結果、企業やスタッフはよくなったでしょうか。改善はほとんど進みませんでした。事実を指摘したのに、相手のモチベーションが下がるだけで、改善には結びつかなかったのです。

こうした苦い経験を通して学んだのが、「ほめて伝えないと、最高の返事、すなわち行動がもらえない」ということです。

今でも調査を行なえば、目につくのはよい点よりも改善点です。人間の目はそうなっているのです。しかし、相手への伝え方が変わりました。

かつては、改善点をすべて相手に突きつけていましたが、今では、まずは素晴らしい点を徹底的に伝えます。そのうえで、「あと惜しいのが……」と改善を伝え、修正をうながすようにしています。

改善点も、すべては伝えません。改善が可能で、お客さまにとって印象が大きく変わるものに絞って伝えます。

すると、不思議なことが起き始めました。改善点が修正されると同時に、調査で見つかっていながら伝えずにいた改善点までも、数か月後にはみごとに修正されているのです。

調査を受けたある人が、こう言っていました。「ダメ出しされると、ダメ出しされたところだけ直す。ほめられると、ほめられていないところまで、もっとよくしようとする」と。人間は、ほめられたら、それを励みに、自分から進んで自分を調査し、改善点を見つけ、修正していく能力を持っているのです。

7 「ほめ達」は世代を超えて人を活かす

私は、自分が子どもを育てる中で、考えていたことが2つありました。

1つは、いわゆる子ども扱いしないことです。挨拶、姿勢や行儀などは厳しくしつけましたが、それ以外では、人として対等に話をするようにしてきました。

もう1つは、「いい子」に育てないことです。

「いい子だね」というのは、親やおとなから見て都合のいい、面倒のない子という意味です。企業でも、社長や幹部になるのは、必ずしも若い頃はいい社員でなく、暴れん坊やわが道を行くタイプだったりします。親やおとなが認める「いい子」に育てるのは危険だと思っていました。

そのうえで、常に子どもに尊敬を伝えるようにしています。何かいいところを見つけたら、「こんなのできてすごいね」「いやー、パパは尊敬するよ」とどんどん伝えてきました。

人は自分のことを尊敬してくれる人を裏切ることはできません。尊敬に対しては、尊敬が返ってくるのです。

親や先生のなにげないひと言や態度によって子どもの将来が決まるかもしれないという恐れを、親やおとなはしっかりと持っておくことが大切です。

特に育児や教育に携わる人には、未来を創造し、夢のあと押しをするような言葉を使い続けてほしいのです。悪い言葉ではなく、いい言葉を使うことで、子どもは成長します。うれしい言葉や悲しい言葉を、言ったほうは忘れても、受け取ったほうはずっと覚えていて、うれしい言葉は生きていく力となるのです。

本田技研工業（ホンダ）創業者の本田宗一郎さんが言っています。紙に書いた文字は消しゴムで消すことができますが、誰かに言った言葉はずっとその人の心に残るのです、と。

未来を創造するような言葉を子どもにかけるおとなが増えれば増えるほど、この国の未来も大きく変わってくると信じています。

7章

「聴く」という表現で魅力を伝える

——人の気持ちにLED電球をともす

ほめられれば
自信がついてくる。
行う勇気も湧いてくる。
「できる」とほめれば、
人はでき、
「ダメだ」とけなせば、
ダメになる。

1 「ノー」の数だけ勇気が湧く

「商品やサービスには自信がある。あとはお客さまに知っていただくだけだ」となれば、ホームページ、看板、新聞広告……と、あらゆる手段を考えるでしょう。

しかし、中にはコストのかかりすぎるものもあります。

鳥貴族のスタッフの中で、「ほめ達」の指導を受けるスタッフは、自分たちが考えるお店の魅力を、1枚の手づくりのチラシにこめました。

しかし、そのチラシには、大きなハンデがありました。先述したように、280円均一がセールスポイントの1つなので、割引クーポンがつけられないのです。

その安さで「おいしい」を実現するために、手間は非常にかけます。たとえば、焼き鳥は「5時間10分」かけて焼きます。どういうことでしょうか。焼き鳥で最も手間のかかるのは、鶏肉を串《くし》に刺す作業です。当然、普通の焼き鳥チェーン店は工場でまとめて串に刺し、冷凍して各店舗に搬入します。しかし鳥貴族では、本当においしい焼き鳥を一番おいしい状態で出すために、各店舗で5時間かけて串に刺し、10分間焼いて出しているのです。ただ、手間をかけても、それがストレートにお客さまに伝わるとは限りません。「ぐるなび」や「食べログ」などのグルメサイトを見れば、クーポンつきの安い店、おしゃれなお店が何百軒と出てきます。クーポンを出せない鳥貴族は、ここで勝負することはできません。そこで始まったのがチラシ配りです。

ありきたりのやり方ではなく、スタッフがショップや企業を1軒ずつ訪ね、一対一でチラシを手渡しします。受け取ってくれないこともありますが、その時は、「近くで鳥貴族という店をやっているのですが、ご存じですか」と問いかけることにしています。

いきなり、「ぜひご来店ください」と依頼して「ノー」と言われると、やはり傷ついてしまいますが、「ご存じですか」と質問して、「ノー」と言われただけなら、傷つくことはありません。「すぐ近くです。ジャンボ焼き鳥が280円均一で……」と紹介すればいいのです。そのうえで「いらしたことはありますか」と再度質問し、答えが再び「ノー」であれば、「ぜひご来店ください」とチラシを渡せばいいのです。

もちろん、「ご存じですか」「イエス」であれば、「ありがとうございます」と感謝を伝えます。そのうえで「いらしたことはありますか」「イエス」なら、再び「ありがとうございます」と感謝を伝えます。もし「いらしたことはありますか」「ノー」なら、「ぜひご来店ください」とチラシを渡せばいいのです。

この方法なら、「チラシ配りはノーばかり言われてしんどい」となることはありません。

こうしたチラシ配りを通じて、わかったことがあります。ほとんどの人が自分たちの店など知らないということです。それではお客さまが来てくれるはずがありません。

とはいえ、それは最悪ではないのです。最悪なのは、「知っているけれど、味や接客がひどいから行かない」場合です。鳥貴族のスタッフは「自分たちの店に来客が少ないのは、味や接客がダメだからではない、店が知られていないだけなんだ」とプラスに考えました。だったら、もっとチラシを配り、全力の接客で二度三度と来ていただけるようにがんばればいいのです。

普通はしんどいチラシ配りをすればするほど、スタッフは元気になっていったのです。

2 1人1人が思いを共有する大切さ

「店長」は、実は学生に人気がありません。個人としての店長ではなく、店長という職業に人気がないのです。

理由は、学生はアルバイトを通じてファストフード店や居酒屋、コンビニエンスストアなどを経験し、店長のつらさを知っているからです。厳しい売上目標を課され、人が休むと店長がカバーするなど、労働環境もよくないのが一般的です。「ここに就職して自分も店長になるぞ」とは、そう思えるものではありません。

前出の駅コンビニエンスストア「アンスリー」も最初はそんな環境でした。

素晴らしい業績を上げながら、誇りを持てず、逆に恥ずかしさすら感じていたのはなぜでしょうか。3つの理由が考えられました。

1つ目は、セブン・イレブンやローソンのような全国区の大手ではないという引け目。

2つ目は、あって当たり前の商品を当たり前に販売し、「いらっしゃいませ」「ありがとうございます」をくり返すだけの仕事への不満。

3つ目は、人のやり繰りや商品の発注など運営のすべてが店長の肩にかかっていて、休みすら満足に取れないのを見て、将来に希望を持てないこと。

アンスリーのスタッフは、毎日とても忙しく、一生懸命に働いて売上を出しています。しかし、それを評価してくれる人はいないし、店長は休みも取れないのです。これでは仕事に誇りなど持てず、一生の仕事として積極的に選びたくなるわけもありません。

私は研修で、店長から、アルバイトを含むスタッフたちに対して、プレゼンテーションを行ってもらいました。内容は、「半年後には、こんな店にしたい」という目標です。目標は、店長1人が胸にしまっていても、なんにもなりません。スタッフみんなが「こんな店にしたい」「こんな接客をしたい」「こんなサービスをしたい」と同じ思いを抱くことが必要なのです。

経営戦略や企業目標も、経営者や幹部だけで決めて、社員には上意下達的に伝達されるだけ、ということが多いものです。それでは戦略も目標も浸透するわけがありません。

本来は逆です。会社は現場で働く社員1人1人が、1人1人のお客さまに、製品を1つ1つ、サービスを1つ1つ提供することで成り立っています。どんな大企業でも同じです。だとすれば、現場の一般社員1人1人が経営戦略や企業目標を自分のものとして理解し、その体現者となることこそが求められます。

最高の戦略が、みごとに仕立てられたスーツとするならば、その下にシャツを着なければなりません。そのシャツを着るにも、順番にボタンをとめる必要があります。まず最初にとめるべきボタンはどれかという「第1ボタン」を示してあげることが非常に重要なのです。

「進化するアンスリー」が目ざしたのは、店で働くスタッフがきちんと「こうなりたい」という理想像を理解し、その実現に向かってみんなが努力をすることでした。

そして、そんな研修で出たアイデアの1つが、自店の駅前ワンストップ化でした。「扱っていない商品も可能な限り扱えるようにするか、無理なら、どこに行けば買えるのかをお伝えする」ということでした。

3 圧倒的なサービスは「妄想力」から生まれる

コンビニエンスストアは商品アイテム数が豊富な場所ですが、それでも、お客さまから「欲しいんだけど、ない？」と聞かれて、「ありません」と答えざるを得ないことも多いものです。

アンスリーは、こうした「ありません」を個人レベルでとどめず、リストにしたのです。そして、お客さまからよく聞かれる商品で、お店にないものは何かをきちんと調べ、用意できるものと用意できないものを分けて、用意できないものについては、近所のどこに行けば置いてあるのかを調べました。

「ない？」「ありません」では、お客さまは「ちぇっ、ないのか」となります。しかし、「ない？」「ご用意しておりませんが、近所の○○という専門店に行けばありますよ」と答えれば、「親切に教えてくれてありがとう」という感謝の気持ちにつながります。

これが店のファンをつくっていくのです。

また、必要なものはアンスリーにたいていある、もしなくても、買える場所を教えてくれる、というのは、「コンビニエンスストアでここまでやるか」というサービスの1つになります。まず最初に、ここに来れば目的が叶えられる、となります。選ばれる存在、なくてはならない存在になるのです。

圧倒的なホスピタリティがもたらす勝利です。

圧倒的なホスピタリティの実現に必要なものが、4つあります。

「観察力」「表現力」「想像力」そして「妄想力」です。

「ここまでやるか」という高いレベルのホスピタリティを実現し、お客さまに感動を与えたいなら、4番目の「妄想力」を欠くことはできません。

私たちは何かをやる場合、あるレベルまでは想像できますが、そこを超えると「無理だろう」「不可能だ」と勝手に自分で限界をつくってしまいます。その「無理」「不可能」を突き抜けた「ここまでやるか」というレベルを思い描く力が「妄想力」です。アンスリーのスタッフも、「ここまでやるか」を妄想することで「進化」を実現したのです。

こうした研修を積み重ねた結果、売上はさらにアップしました。そして、半年に及ぶ研修は、感動また感動の中で成功裏に終わったのです。

さらに、研修から半年後、とてもうれしいことがたくさん起こりました。参加者の中から、副店長から店長、店長から本部勤務というように昇格した人が出てきたのです。

また、写真のアルバムも送られてきました。そこには研修の内容を生かしている姿や、出世して新しいチャレンジをしている姿が映っていました。

さらに、こんなこともあったそうです。

ある日、1人のアルバイトが店長を「ちょっとお時間いいですか」と店の外に呼び出しました。普通、こういう場合は「辞める」と言われることが多いのですが、まるで反対でした。アルバイトは、「社員になりたいんですが」と言ったのです。厳しくつらいだけだった店長職がとても素敵なものになった結果、社員が店長を目ざすようになり、アルバイトは社員になりたいと考えるようになったのです。外から見た「あこがれの職業」ではないかもしれませんが、「やりがいを感じる仕事」に変わったのは確かです。

4 伝説をつくった「ひとこと力」私の体験

私は不動産会社に入社1年目に、全社の新人販売最高レコードを記録しました。また、家業の不動産管理会社でマンションやホテルの業務に携わった時も、好業績でした。

この2つは、その後の大きな自信になりました。

前者のきっかけは、不動産会社に入社してすぐの新人研修中に、3日間だけ展示場での仕事を経験した時の「事件」でした。

初老の夫婦が、展示場で、「わあ、今どきの家ってすごく素敵ね」「でも、お金がないからなあ」という会話を交わしていました。それを聞いた時、一時期ハマって山ほど読んでいた営業の本にあった言葉がフッと浮かびました。

「金の生《な》る木はないけれど、思い切る木に金は生る、って言いますからね」と夫婦に申しあげたのです。お金の生る木はないけれど、今がチャンスだと思って飛び込むと、そこにお金が生まれる、という意味です。

この言葉にご主人が「君、若いのに面白いこと言うね」と言い、座って話をさせていただいた結果、契約につながったのです。

この「事件」は、会社の伝説になりました。研修期間中の展示場で、たった3日間しかいない新人が契約までいったわけですから……。私がその後、営業でトップを走り続けることができたのは、この最初の小さな成功体験があったからです。

お客さまとの最初の接点は、たいていは本当に短い時間にすぎないものです。ですから、相手にそれなりの印象を残す必要があります。ここで何も残せなかったら、次はありません。相手の心に響く「ひとこと力」があってこそ、「次」へ進むことができるのです。

「ほめ達」の研修中には、いろいろな名言が生まれます。

「手洗い洗車は車の天然温泉」「SS（サービスステーション）はスーパーサービス」「SSはすごい・さすがステーション」などなどです。名言をつくった本人は意外に気づいていないものです。それを気づかせるのも、「ほめ達」の役割だと思います。

積極的に聞くことは
ほめること。
目を見る。うなずく。
あいづち。笑顔。
最後に要約。
メモまですれば、
パーフェクト。

5 「ほめっ放しの罪」に気をつける

ほめることの効能を説くと、「ほめることが逆効果になることはないか」と質問する人がいます。

人が成長するには「自分はやればできる」と確信することが大切であり、確信させるためには小さな成功体験を積ませ、その成長をほめることが必要です。

「ほめることが逆効果になることはないか」と質問するのは、ほめることで、相手が「私はもう十分できる」と自己満足して、天狗《てんぐ》になったら困ると考えてのことでしょう。

確かに芸能界やスポーツの世界などでも、若手が少しの成功をおさめ、ちやほやされていい気になってしまい、せっかくの才能が伸びなくなってしまうケースはままあります。

しかし、それを防ぐために叱ったり、第三者が外部から成功体験を破壊したりするのは、危ないと思います。ほめることの逆効果を防ぐには、ほめるだけで終わらず、「フォローする」ことが最もよい方法です。

ほめることによって相手のモチベーションは確実に上がります。しかし、それがゴールではありません。上がったモチベーションの使い道を教え、次の挑戦に向けて「君はこうがんばって、こういうことができるようになった。次はこうがんばってみよう、こういうことに挑戦してみよう」と背中を押してあげることが必要です。はるか先にある目標に向かって進むことができるように方向づけてあげるのです。

それをせずに、ほめるだけだと、相手が増長したり、自己満足に陥ったりする危険は確かにあるのです。

私はそれを「ほめっ放しの罪」と言っています。

「ほめると、モチベーションが上がっていいよね」と言うのは、半分正しくて、半分間違いです。ほめてモチベーションを上げ、上がったモチベーションの使い方を教えて、それができたら、またほめて、次の道をさし示す、といった「ほめるサイクル」を回していくうちに人は少しずつ成長し、大きく育っていくのです。

6 「聴く」ことでほめる人材育成術

「ほめ達」というと、ほめること、つまり話すことだと考えられがちですが、実は「聞く」を意識化した「聴くこと」によって相手をほめることも可能なのです。

たとえば前出の松下幸之助さんは「聴くこと」の達人でした。

普通の人は、尊敬する人、好きな人、目上の人には聴く姿勢を示しても、尊敬できない人、嫌いな人、若い人や目下の人の話は軽視する傾向があります。

しかし、幸之助さんは、誰に対しても誠実に聴く姿勢を示していました。

たとえば若い社員の話をじっと聴いて、最後に「もうないか？」と聴き、「勉強になったわ」と感謝を伝えるのです。だから、どんな若い人でも幸之助さんには真剣に話し、当然、情報も集まってきます。

実際、幸之助さんと話したことのある人は、あとでなんとも言えない気持ちよさを感じたと言います。天下の松下幸之助さんが、まだ若く経験のない自分の話を真剣に聴いてくれたというだけで、人は満足し、「この人のためなら」と心酔してしまうのです。

学歴も人脈もなく、お金もなく、健康さえもない幸之助さんが一代で日本を代表する大企業をつくり上げることができたのは、強靭《きょうじん》な意志に加え、「幸之助さんのためなら」という有能な人材が次々と集まったからにほかなりません。誠実に聴くという、誰もが大切さを知りながら、誰もが徹底できないことを、徹底したところに幸之助さんのすごさがあるのです。

こうした幸之助さんの伝説を多くの人は「知っている」でしょう。

しかし、大切なのは「知っている」ことではなく、「できている」かどうかなのです。

人の話を聴く時は、「この話は前も聞いたことがある」と心のシャッターを閉じてしまわないようにしましょう。

それよりも、「この話は前に聞いたことがある。そして役に立つとも思った。じゃあ、それを自分は実行しているのだろうか」と問いかけてみてはいかがでしょうか。

7 「聴く」という普通の行為こそ意識化する

よく聴くためには、相手から情報を最大限に引き出すことが必要です。そのためには、次の7つのポイントを守ることです。

①目を見る

じっと見続けるのではなく、要所要所でアイコンタクトを取ります。

②うなずく

笑顔を浮かべるとなお効果的です。

③あいづちを打つ

「なるほど」「へえ」などと口に出します。

④くり返す

相手の言った言葉や語尾をくり返します。

⑤メモを取る

相手がメモを取りながら聴いているのを見ると、話し手は「真剣に聴いてくれている」と安心し、信頼します。まして若い社員であれば、上司がメモを取りながら聴いてくれている姿を見ると、「私のこんな話をわざわざメモしてくれている。さらにとっておきの情報を伝えよう」と感激します。

⑥要約する

「つまりこういうことですね」と確認すると、話し手は「しっかり聴いてくれた」と満足します。

⑦質問する

「どうしてそんなことができるようになったのですか?」などと質問すると、話し手の満足度はピークに達します。

話を聴くことでも、相手をほめることは可能なのです。聴きながら、相手の価値を見つけ、話の価値を見つけ、それを言葉やしぐさで全力をもって伝えることです。

8章

「思いがけない涙」をともに味わう

――けなされていることに価値を見つけよう

先入観で見れば
事実はゆがむ。
心の光が弱くなる。
光がなければ
「ダイヤモンド」も
石ころだ。
ダイヤを見つける人と
見つけられない人の
差はそこさ。

1 言葉の力で視点を変える

企業や店の「風土」を変えるのは、とても時間のかかることです。

特に、過去の全部を否定して再出発しようとする方法は、ショック療法にはなっても、決して長続きはしません。まずは、過去にがんばってきたからこそ今があるということを認めることが大切です。

そのうえで、今がダメなのは、過去に成功したやり方と時代にズレが生じたからだ、そのズレた部分を変えていくことで企業や店が再生し、社員も元気を取り戻せる、と考えるとスムーズに進み始めます。

それでもなお、変えていくことに対する抵抗感が根強く残ります。

やり方を変える時はトラブルがつきものだからです。チェンジ（CHANGE）の「G」は、大きなCと小さなTでできています。チェンジには、小さなトラブル（TROUBLE）が隠れているのです。しかし、トラブルを解決してTが消えれば、チェンジ（CHANGE）はチャンス（CHANCE）に変わります。

たとえば、同じやり方をしても、相手や場所が変わると、思うような成果につながらないことがよくあります。あるいは、新しいやり方を導入したのに成果が出ないことも、珍しいことではありません。

仕事のやり方は、形だけ合わせればいいのではありません。成り立ちの背景や、働く人の思いがこめられています。仕事のやり方の裏にある精神を理解して、初めて仕事のやり方は共有できますし、また、新しいやり方にもできるのです。

そのためには、みんなが率直に思いをぶつけ合うことが大切です。そうすることで、心がひとつになるからです。

働く人の心がひとつになった時、感謝が生まれ、組織は変わり始めます。トラブルをチャンスに変えていくことができるのです。

2 「あんなヤツ」という見方に従うな

ほめて心をひとつにするということを語る時、私はUさんのことを忘れるわけにはいきません。あるレストランで、責任者として、お客さまと接する仕事をしている女性スタッフです。

外国人のお客さまも多いレストランなので、スタッフの中には外国人も何人かいます。レストランでは、おいしい料理を出すことはもちろん大切ですが、お客さまにサービスを提供するスタッフ1人1人の態度や言葉づかい、雰囲気が、お店の評価を大きく左右します。スタッフの中に1人、感じの悪い人間がいると、店全体の雰囲気が悪くなります。スタッフ全体のチームワークもぎくしゃくしてしまい、サービスの質が一気に低下してしまうのです。

スタッフの1人に、周囲から問題視されている女性中国人スタッフがいました。まわりとほとんどコミュニケーションを取らず、黙々と仕事をするタイプでした。

仕事は言われたことをやればいいというものではありません。スタッフはチームで動いています。誰かが困っていれば助けなければならないし、自分が困った時は助けてもらうことも必要です。「お客さまのためにできることは何か」「みんなのために何かできることはないか」と考える中でチームワークが育ち、お客さまに感動を与えられるサービスが可能になってきます。

そんなサービスを目ざす店にとって、わが道を行くタイプの中国人スタッフの存在は厄介であり、「彼女とは組みたくない」と露骨にイヤがるスタッフもいたほどでした。

そんなある日、Uさんは「最初から問題児と決めつけるのではなく、彼女がどんな仕事をしているか注意深く観察してみよう」と考えました。

「問題児」「浮いている」というフィルターで見ると、彼女が何をやってもダメなところばかりが目につきます。そうではなく、白紙になってじっくりと見ることで、「本当の彼女」を知りたいと考えたのです。

3 ただ事実を認めるだけで人は希望をつかむ

問題視されている中国人スタッフを白紙になって観察すると、意外なことがわかりました。

彼女は、やるべきことは、手順に従ってきちんとやっているのです。どこかで手を抜いているわけでもなければ、いい加減なことをやっているわけでもありません。

もちろん、欠点を言い立てようと思えば、いくつか指摘することはできました。でも、Uさんは、「やるべきことをきちんとやっている」という事実だけを念頭に、彼女の接客が一段落ついたところで、店の奥に呼んでこう言いました。

「あなたがいいタイミングでサービスをしてくれて、私はとても助かりました。中国人のお客さまが何を言っているか理解できずに困っていた私にすぐに気づいて、近づいてきてくれて通訳をしてくれたのも、本当にありがとう。中国語を勉強しているという日本人のお客さまに、簡単な中国語で受け答えしてくれていましたね。日本人のお客さまはとてもうれしそうでしたよ。そんなあなたを、私は誇りに思います」

そう具体的な事実を彼女に伝えたあと、その中国人スタッフは、それまで以上によく働いてくれました。まわりのスタッフとぎこちないながらも少し会話をしたり、笑顔を見せるようになりました。

当日の仕事が終わったあとのミーティングで、Uさんは中国人スタッフに言ったのと同じことを、スタッフ全員に言って、ほめました。

スタッフは、最初は「えーっ」という顔をしていました。

その時、突然すすり泣きの声が起きました。

全員の前でほめられた中国人スタッフが、うれしさのあまり涙をこぼしたのです。

その姿を見て、スタッフは静まり返りました。

やがて、自然と拍手が湧き起こりました。

いつの間にかついてしまった「問題児」「みんなから浮いている」というレッテルが、

中国人スタッフと他のスタッフの距離を広げてしまっていたのです。

レッテル越しに見ると、何をやっても、何を言っても、そのレッテル通りに見えてしまいます。けれど、レッテルをはがし、白紙で見ると、彼女はちょっと不器用な、でも言われたことはきちんとやるスタッフでした。

「彼女とは働きたくない」ではなく、「今、がんばっていること」を素直に認めてあげる。たったそれだけのことで、人もチームもこんなに変わることができるのです。

Uさんの会社には、スタッフの仲間が投票で選ぶ「素敵なスタッフ」表彰の制度があります。

問題視されていた中国人スタッフは、Uさんがほめてから半年後、「素敵なスタッフ」として表彰されることになったそうです。

「あなた」ではなく、
名を呼ぼう。
名前はすごいほめ言葉。
時にはフルネームで
呼びかけよう。
名を呼び続けると
今度は自分が
名で呼ばれ出す。

4 何はなくとも名前をほめよう

人が一番数多く耳にする言葉は名前です。その名前をほめることは、相手の存在を最も高く認めることになります。

ほめるためには、名前に使われている漢字の意味にまず関心を持ちましょう。そこから、名前に価値を見出せるようになります。

自分の名前を「いやだなあ」と思っている人もいないわけではありません。しかし、そういう人でも、他人から名前をけなされたら、うれしくなるはずがありません。やはり、「いいお名前ですね」とほめてもらいたいのです。

ある講演で、私はこんな話をしたことがあります。

「美しいという意味の『美』の字は、なぜ『羊《ひつじ》が大きい』と書くのか、ご存じですか。

昔、中国で羊の群れに狼《おおかみ》が襲いかかりました。群れがわれ先に逃げ出そうとした時、1匹の大きな羊だけが、逆に狼に向かって走り出しました。狼は、走るのが遅い子羊や、お母さん羊、あるいは弱っている羊を狙《ねら》います。大きな羊は、そんな羊が逃げおおせる時間を稼ぐために、狼に立ち向かったのです。いくら大きくても、羊が狼を相手に勝てるはずはありません。しかし、大きな羊は、逃げれば真っ先に逃げおおせることができるにもかかわらず、弱い羊たちを逃がすために、わが身を犠牲にして狼と戦ったのです。

その姿があまりにも立派で美しいということで、『羊が大きい』と書いて『美』になったのです。また、この話を伝え聞いた人たちは感動し、『我もその羊のようでありたい』と考え、それが『義』という漢字になったのです」

私はこの話を誰かのためにしたわけではありません。名前の漢字の意味を知ることで、コミュニケーションがスムーズになるという話の一環でした。

ところが、講演のあと、ある男性が私のところに来て、こんな話をしてくれました。

「私は自分の名前に『美』が入っています。これまでは、『男なのにいやだなあ』とずっと思っていました。『どうしてもっと男らしい字を使わなかったのか』と恨むこともありました。でも、西村さんの話を聞いて『親は美の持つ意味を知ったうえで私にこの字を使ったんだ』と思えるようになりました。これからは、名前に誇りを持って生きることができます。ありがとうございました」

このように、自分の名前に疑問を感じている人もいるのです。でも、どんな名前も、それをつける時には、ご両親や祖父母、関係する人たちが知恵を絞り、幸せを願って選んでいるのです。

相手の名前を覚える時は漢字に注目し、できればフルネームを漢字で書けるようにしたいものです。名前の漢字の意味も、よく使われるものは頭に入れておいて、「お名前の『康』の字は、『すこやか』とか、『さかんな』という意味があります。転じて家を守るという意味にもなるそうで、経営者にぴったりのお名前ですね」などとほめることができれば、相手は一気に心を開いてくれるでしょう。

あるいは、名づけ事典などで調べ、礼状にひと言添えるとか、次に会った時に伝えるようにするのもいいでしょう。

名前にはすべて「大切な思い」がこめられているのです。

5 たとえば相手をフルネームで呼ぶと？

もし、本人も気づかなかった名前の価値を他人から教えてもらったとしたら、これほどうれしいことはありません。

名前によく使われる漢字には、こんな例があります。

「彩」まわりを明るく華やかにしてくれる、お名前そのままですね。

「悠」はるかに続く時間のような、スケールの大きさを感じます。

「希」希望の希ですね。「めったにない」「まれな存在」という意味でもありますね。お会いできてうれしいです。

「好」誰からも愛される幸せなお名前ですね。なぜ自然と笑顔になってしまうのか、お名前を見てわかりました。

「英」ひいでている、うるわしいという意味ですね。知性のきらめきを感じます。

「奈」もともとは、神仏へのお供えの意味で、相手を思い、愛を与える意味だそうです。自分を大きく成長させることができる方ですね。

名前には誰もがいろいろな思いを持っており、名前をほめたり関心をもったりしてもらうことは、自分自身を大切にしてもらうことと同じに感じられます。

ですから、できるだけ相手を名前で呼ぶと、親近感がグッと増します。

たとえ初対面の時でも、「お名前の『弘司』は『ひろし』様でよろしいのですか」などと言うと、「いえ、『こうじ』なんです」「ありがとうございます。こうじさんなんですね。そうですか。では、こうじさん、本日はお時間をいただき、このご縁に心から感謝いたします」というように、短いやり取りの間に感謝と名前がくり返されて、いい関係を早くつくることができます。

子どもの頃から東京ディズニーランドが大好きだったある人の思い出を聞いたことがあります。その人は、アルバイト先も、そして就職先も東京ディズニーランドでした。そこまで惚《ほ》れこんだのは、東京ディズニーランドのアルバイトに応募した時、面接で受付の人も面接担当者も自分のことをフルネームで呼んでくれたからだと言うのです。

相手は採用するかどうかもわからない高校生です。普通は苗字《みょうじ》で呼ぶでしょう。そこをフルネームで呼ばれたことに感動し、「やっぱりディズニーランドはすごい」と惚れこんだというのです。そして、ディズニーランドのスタッフとして相手をフルネームで呼ぶようになり、当時の感動を伝え続けたと言っています。

人は、自分の名前が大好きなのです。

部下や、まわりの人の大切な名前を、フルネームで書いてみることから始めませんか。

6 成長の踊り場でやるべきたった1つのこと

ほめることの素晴らしさに気づいて、全社的に、ほめる風土づくりに取り組む企業が増えてきました。とてもうれしいことです。

ただ、中には、最初はみんなで相手のいいところを見つけ、「ほめも」なども積極的に書くのですが、しばらくすると「案外、難しいな」と壁にぶち当たるケースが少なくありません。

そんな時にはどうしたらいいのでしょうか。

「ほめる」を続けていると、「踊り場」にさしかかった人たちから、悩みを訴える声が上がってきます。私はこんなふうに答えています。

悩み「全員に公平に『いいね！　カード』を発行するのが難しい」

私「まずはできる範囲から」
悩み「継続的にほめようと思うと、どうしても同じ人にカードを発行してしまう」
私「最初は偏ってしまってもOK。100％にこだわらず、ハードルを高くせず、当たり前に感謝のつもりで」
悩み「こんな内容で相手は喜ぶのかな？　と思ってしまう」
私「100枚に1枚でも相手の心を救うことがあります」
悩み「同じような『ほめる』をくり返すと、逆効果なのでは？　と思う」
私「真実ならば、くり返しほめましょう」
悩み「あまりカードを渡していると無理矢理感が出てしまう」
私「習慣化が大切です。意識づけしないと、本能に負けてマイナスに目が行きます」
悩み「開始時に比べるとトーンダウンの感があり、モチベーション維持が難しい」
私「トーンダウンはマンネリ打破のバージョンアップのチャンスです」
悩み「1回目は意外とほめるのは簡単だが、2回目、3回目は小さなことばかりほめるようになる」

私「ほめるエピソードや事実は小さければ小さいほどグッド」

相撲の世界に「3年先の稽古《けいこ》」という言葉があります。

稽古は、すぐに結果は出なくとも、やり続けていると必ず結果は出るという意味です。それは、裏を返せば、今がいいからと稽古を怠ると、そのツケはいつか必ず払わされるということでもあります。

「ほめる」は即効薬ではありません。効果が出るまでに数か月を要することも珍しくありません。

だからこそ「いつか」を信じてやり続けることが大切なのです。

続けるのが難しいと感じても、3か月はがんばって続けることです。量は必ず質に転化します。たくさんの「ほめる」はやがて周囲を明るく元気に変え、お客さまとのコミュニケーションをよくし、そして自分自身を明るく元気にしてくれます。

「ほめる」ことによって起こる小さなプラスの出来事に対して、アンテナを立てておきましょう。

「ほめる」を続けていると必ずたくさんのいいことが起きてきます。それをキャッチするのです。

　すると、「ほめる」ことがやめられなくなります。私だけでなく、たくさんの「ほめ達」実践者が「ほめる」ことの素晴らしさを実感しています。

　あなたにも自分とまわりを幸せにする素敵な「ほめグセ」が身につきますように。

おわりに

「ほめ達」の魔法に最後までおつき合いいただき、ありがとうございます。

私が1人で始めた「ほめ達」も、3年間で、「ほめ達検定」の合格者が1万人を超えるまでになりました。私の代わりに講師を務められる認定講師も、平成24年には40人が誕生しました。同年の私の講演とセミナーは247回、聞いていただいた方の延べ人数は2万6833人におよびます。

ほめる効果と影響力を実感する人が増え続けているのです。まさに時代が「ほめ達」を求めています。

「ほめる」ことの究極は、この命に対する感謝です。生きることの真理がこの三文字に込められています。

この世の中に、絶対ということはありません。しかし、もしあるとするならば、それはすべての人はやがてこの肉体を失うということです。生きても100年。必ずやってくる死を恐れるよりも、「今」を生き切らないことを恐れたいと思うのです。

人は2度死ぬと言います。1度目は肉体の死。お葬式を出す時です。2度目は記憶からの死。自分のことを覚えている人が、この世の中から誰もいなくなってしまう時です。

1度目の死のあと、2度目の寿命が始まります。2度目の寿命は、生きている間に自分がまわりにどのような言葉をかけ、どのような記憶を残すかによって決まります。

2度目の寿命を豊かに生きるには、今をどう生きればいいのでしょうか。

未来のことは誰もわかりません。しかし、1秒先の自分の行動は、自分の意志で決めることができます。1秒先の決断に心をこめることが、「今」に「心」をこめることになります。「念」じるように生きること、それが意志ある未来をつくることになるのです。

この瞬間、「ほめる」という選択をする意志力。これが「ほめ達の魔法」の正体です。

◇

この本を、平成25年1月30日、認定講師養成講座を修了した3週間後に急逝《きゅうせい》された橋本浩さんに捧げます。この本が存在する限り、あなたの2度目の寿命は続きます。

あなたが好きだったしめ鯖《さば》とともに献杯。

西村貴好

西村貴好（にしむら・たかよし）

一般社団法人日本ほめる達人協会理事長
有限会社シーズ代表取締役
1968年生まれ。関西大学法学部卒業。野村不動産に入社後、野村ホーム注文住宅部門に配属。1年目で、全社新人販売最高レコードを達成。1993年には、結婚を機に家業の不動産管理業務に従事。ホテルの現場マネージメント勤務を経験し、サービス業で働くスタッフのモチベーションの大切さを実感する。2005年に覆面調査会社「ホスピタリティ・デザインC's」を設立。2007年より現在の「ほめること」に特化した調査内容・報告を実施する。2010年には、「ほめ達（ほめる達人）検定」を開始。2011年10月には一般社団法人「日本ほめる達人協会」を設立し理事長に就任、現在に至る。
主な著書は、『心をひらく「ほめグセ」の魔法』（経済界）、『繁盛店の「ほめる」仕組み』（同文館出版）、『ほめる生き方』（マガジンハウス）がある。NHK「クローズアップ現代」「あさイチ」、フジテレビ「エチカの鏡」、日本テレビ「NEWS ZERO」をはじめ、多くのテレビ番組に出演している。日本中の人と組織をほめる仕組みで活性化し、企業業績の改善などにも多くの成功事例を持つ。

経済界新書
036

泣く子もほめる！「ほめ達」の魔法

2013年 3 月 22 日　初版第1刷発行
2016年 4 月 27 日　初版第2刷発行

著者　西村貴好
発行人　佐藤有美
編集人　渡部 周
発行所　株式会社経済界
〒105-0001 東京都港区虎ノ門1-17-1
出版局　出版編集部☎03-3503-1213
出版営業部☎03-3503-1212
振替　00130-8-160266
http://www.keizaikai.co.jp

装幀　岡 孝治
組版　後楽舎
印刷　（株）光邦

ISBN978-4-7667-2046-4